小学生が国語辞典を読み通すのを助けたい大人のための本

——学力はもちろん、努力の継続と読書の習慣も身につく——

秋山 夕日

南々社

小学生が国語辞典を読み通すのを助けたい大人のための本

——学力はもちろん、努力の継続と読書の習慣も身につく——

この本をまみちゃんとゆりなちゃんに捧げます。

はじめに

拙著『勉強』と『勉強2』(いずれも南々社)を出版させていただいてから、その後のメディア出演や講演会などで、保護者の方から、「子どもがどのような本を読めばよいか」「早くから家庭でできる勉強はどのようなものか」という2つの質問を多くいただきました。

1つ目の質問が多かったのは、僕が『勉強』で「勉強とは本を読むことだ」というようなことを書いたためだと思います。また、2つ目の質問が多かったのは、『勉強2』で「ご家庭で保護者の方がお子さんに勉強を教えるのは、特に保護者の方が感情的になりやすいのでお勧めしない」というようなことを書いたためだと思います。

ともあれ、僕は自分自身の勉強の経験と、生徒に勉強を20年間教えた経験から、これら2つの質問を一挙に解決する回答を明確に言うことができます。それは、「小学生の間に国語辞典を読み通す」というものです。

ただ、このように明確に回答が言えるにも関わらず、僕はつい最近まで、メディア出演や講演会などの場では、この回答をあまり言ってきませんでした。その理由は、生徒に勉強を教えたこれまでの僕の経験から、「小学生の間に国語辞典を読み通して」と言うだけでは、その絶大な効果をどれだけ力説しても、ほとんどの生徒が国語辞典を読み始めることさえせず、読み始めた生徒もほとんどが三日坊主で終わってしまうことが分かっていたからです。

つまり「小学生の間に国語辞典を読み通す」ためには、それを成功させるための一定の細かなノウハウも同時に伝えることが必要なのですが、これはメディア出演や講演会などの時間が限られた場では伝え切れないのです。

なぜなら、このノウハウは僕が生徒に勉強を教えた20年間に行った個別指導、その中でも特に、200名近くの生徒に国語辞典を読み通してもらうことを通じて気づいたり試行錯誤したりしたことの集大成であり、真面目に伝えると本が1冊書けてしまうくらいの内容を備えているからです。

そして、この内容を実際に1冊の本として書くことに決め、完成したのがこの本です。前述の200名近くの生徒のうち大学入試の結果が分かっているのは、僕が3つの職場を渡り歩き、最終的に独立したため、100名くらいです。そのうち50名くらいが、旧帝大や国公立医学部などの難関大学や難関学部に合格していることは決して偶然ではないと思い、この本を書く価値があると考えました。

この本が、国語辞典を読み通そうとする小学生のお子さんと、彼らをサポートしようとする保護者の方や教育関係者の方などに少しでもお役に立てるなら幸いです。

もくじ

第0章　この本の使い方

第1節　小学生の間に国語辞典を読み通す意義

この本の使い方について述べる前に、その前提となる、国語辞典を読み通すことそのものについて2つのことを述べておこうと思います。

まずこの節では、小学生の間に国語辞典を読み通すことの意義について述べます。意義として、僕は以下の3つのものがあると思っています。

1つ目は、「目標に向かって努力し続ける習慣が人生の早い時期に身につく」というものです。僕は、3つの意義のうち、これが最も重要だと考えています。

そもそも僕が生徒に国語辞典を読み通すということをしてもらうようになったのは、国語の学力の向上のためでした。ところが、国語辞典を読み通す努力を続ける子は、国語以外の教科でも努力を続ける習慣が身につき始めたのです。これは、僕が同じ1人の生徒に対して、複数の教科を教えていたために気づいたことでした。

そしてこの努力を続ける習慣は、生徒が行うスポーツや芸術などの勉強以外の活動や、社会人になって行うようになる仕事にも波及するはずのもので、彼らの一生の財産になると思います。

意義の2つ目は、「他の本、特に活字数の多い本を読むことに抵抗がなくなる」というものです。

これにはもちろん、国語辞典を読み通すことで語彙力などが上がり、他の本が読みやすくなるという要因もありますが、最大の要因は生徒の「読書に対する自信」です。他の本よりはるかに活字数の多い国語辞典をすでに読み通しているわけですから。そしてこの自信が生徒を次の読書、また次の読書へと導き、一生の読書の習慣につながるのです。

意義の３つ目は、「英語・算数・国語・理科・社会の５教科全ての学力が上がる」というものです。これは生徒の小中高、大学以降の勉強に関しても当てはまります。

「国語」辞典を読み通すことで「5教科全て」の学力が上がる理由の詳細については、後出のコラム1「読ませ聞き」や、本書第2章「国語辞典で読んだことを5教科の勉強、特に中学入試対策に広げる」を読んでいただくことになりますが、ここでは最も分かりやすい、中学入試の理科と社会の例を挙げておきます。

中学入試では、算数と国語の試験時間が50分間だとすると、理科と社会は30分間というように、理科と社会の試験時間は国語より少ないことが普通ですが、理科と社会の試験の問題文の活字数は国語と同じくらいであることが多いです。ですから、国語辞典を読み通すことで身につけた文章を正確に速く読む力は、国語だけでなく理科と社会の試験の得点アップに直結するのです。

第2節　国語辞典の読み進め方

意義ともう1つ、国語辞典を読み通すことそのものについて述べておきたい2つ目のことは、国語辞典の実際の読み進め方についてです。

まず、お子さんが読み通す国語辞典ですが、これは何でも構いません。僕はこの本を書くにあたり、『小学館　はじめての国語辞典』（小学館）を参照していますが、僕がこの辞典を参照するのは、この辞典の遊び心が好きで、最近娘のために購入したら娘も気に入ってくれたというごく個人的な理由によります。

なお、本書ではこの辞典の他に、いくつかの辞典をお子さんの発展的な勉強のために参照することがありますが、これらも僕が好きだというごく個人的な理由で参照しています。このあたりの詳細は後出のコラム３「僕の辞典読み通し歴」で述べています。

各出版社の国語辞典はそれぞれによいところがあるので、お子さんが読み通す国語辞典はお子さんが好きなものでよいと思います。現に、僕がこれまで生徒に国語辞典を読み通してもらった時は、それぞれの生徒が元々使っていた国語辞典をそのまま使ってもらっていました。

どの国語辞典を読み通すかよりもはるかに重要なことは、「1日に読むと決めたページ数を毎日読み続ける」ということです。

前節で、小学生の間に国語辞典を読み通す意義として「目標に向かって努力し続ける習慣が人生の早い時期に身につく」ということを述べましたが、「1日に読むと決めたページ数を毎日読み続ける」ということはこれに直結するからです。なお、1日に何ページ読むかはお子さんが無理なく読めるページ数で大丈夫です。

もちろん、やむを得ない理由で決めたページ数を読めない日も出てくるでしょう。このような場合に重要なことは、その後なるべく早く「元々のペースで読んでいたら到達していたはずのページまで追いつく」ことです。例えば、毎日1ページ読むと決めていて、3日読めなかった場合は、次の3日は2ページずつ読むなどです。そのためには1日に読むページ数を当初に決めたページ数より一時的に増やすことになりますが、「続けていた努力を止めると取り戻すのは大変だ」ということをお子さんが学べるよい機会になると思います。

国語辞典の実際の読み進め方について最後にどうしても述べておきたいのが、「読ませ聞き」についてです。これは僕の造語で、詳細は後出のコラム1「読ませ聞き」で述べていますが、簡単に言うと、お子さんが文章を音読するのを、横で保護者の方などの大人が聞き、音読に間違いがあればその都度訂正してあげるというものです。お子さんが国語辞典を読み通す際にこの「読ませ聞き」を行うと、国語辞典を読み通すことの効果がより大きくなるのでぜひとも行っていただきたいです。

第3節　この本の使い方

本書の「はじめに」でも述べましたが、「国語辞典を毎日読んで」と言うだけでは、生徒はまず読み通せません。そこで僕がとった方法が、「生徒と国語辞典の内容について対話をする」というものです。生徒が国語辞典を一定量読む度に、登場した言葉や文などについて生徒と対話をし、生徒をサポートしたのです。そして、この対話の内容は大きく3つに分けられます。

1つ目は、僕自身が小学校6年生の時に『新明解国語辞典』（三省堂）を読み通して面白いと思ったことについて対話をするというものです。このような対話が本書の第1章、「国語辞典を楽しく読むコツ」の元になっています。僕は現在45歳ですが、小学生で大人用の国語辞典を読み通した人にはまだ出会っていないので、この第1章は本書の大きな特長の1つだと思います。

対話の内容の2つ目は、国語辞典の内容を入試対策などに広げるというものです。僕は小学生・中学生・高校生・浪人生に高校理科を除く全教科を教えてきたので、国語辞典の内容をきっかけに、国語に加えて英語・算数・数学・理科・社会についても生徒とよく対話をしました。このような対話が本書の第2章、「国語辞典で読んだことを5教科の勉強、特に中学入試対策に広げる」の元になっており、これも本書の大きな特長の1つだと思います。

対話の内容の3つ目は、国語辞典の内容を生徒の後の勉強や人生に活かせそうなことに広げるというものです。僕は小学生・中学生・高校生・浪人生という全学年の生徒に教えてきたので、例えば、小学生の生徒と、中学生・高校生の勉強で初めて重要になってくる言葉などについて対話をしたりしました。このような対話が本書の第3章、「国語辞典で読んだことを後の勉強・人生に活かす」の元になっており、これも本書の大きな特長の1つだと思います。

そこで本書の使い方ですが、保護者の方などがお子さんと国語辞典の内容について対話をする時の「話題のネタ帳」にして、そこから対話を広げていっていただければと思います。

国語辞典から学べる5教科の特徴について、第2章、第3章では次のような内容を述べています。

・英語……カタカナ英語から多言語の特徴を知る
・算数……意外と読解力が必要なことが分かる
・国語……日本語の面白さを知る
・理科……文字で読んだことを体験につなげる
・社会……普段の生活と結びつけて考える

前述の通り本書の第1章から第3章まではそれぞれ目的を明確にしているので、お子さんの目的に応じてお使いいただけます。

ただ、前節で述べた「読ませ聞き」も、この節で述べた「対話」も、保護者の方が全てを行うのは大変だという問題がありますので、その解決法についても述べておきます。

本書ではずっと、「保護者の方」ではなく「保護者の方など」という言い方をしていますが、お子さんのサポートを保護者の方だけで行うのが難しい場合は、塾の個別指導の講師や家庭教師の方などに要望し、分担して行うのがよいと思います。

塾の集団授業に通っていて個別に見てもらう先生がいない場合は、学校の先生に「10分でもいいから音読するのを聞いてもらえませんか」と提案してみましょう。忙しい先生でも、意欲のある子どもからのお願いはなかなか断れませんから。お子さんが国語辞典を読み続けるには、当然のことながらそのサポートも無理なく続けられることがとても重要なのです。

例えば僕は、週に1、2回会える個別指導の生徒に対して「○ページ読んでみて1番面白いと思ったことは何？」「分かりにくかったことは何だった？」などと声をかけ対話します。最初のうちは、お子さんの感じたことに何でもよいから返事をすることを心がけます。そしてもし理科の言葉に反応する子だった場合、この本の第2章、第3章に書いているような理科の「ネタ」を対話し、興味を広げていきます。

こうした流れの中で、物事に前向きに取り組む姿勢や自主性が身につき、国語辞典を読む習慣につながるのです。

コラム1　読ませ聞き

「読ませ聞き」は僕の造語ですが、僕がこれとセットで使う別の造語に、「文章の解像度」があります。「読ませ聞き」の説明のためにまずこの言葉について説明します。

僕の20年間の教育キャリアの後半9年間は個別指導だけを行い、その最初期に、生徒の国語の文章を読む正確さを知るため、個別指導で扱う問題の問題文・設問文を全て音読してもらいました。結果、生徒の読み間違いの多さを知りましたが、中でも多いパターンが、「読み飛ばし」と「捏造」です。

「読み飛ばし」は、僕の経験では、単語よりも行の読み飛ばしが多く、1ページ分の文章を読み飛ばすという例さえ結構ありました。

「捏造」は、元の言葉を変えたり、元はない言葉を加えたりすることです。僕の経験では、元の言葉がひらがなだけなのに、勝手に読み方を変えるという例さえ多くありました。他にも、文章に何度も登場する同じ漢字に初出時だけ読み仮名がある時に、その漢字が初出後に登場する度に読み方を変えるという例も多くありました。

「読み飛ばし」や「捏造」のせいで、文章を「字でできた絵」として「見た」時でさえすでに、見えない部分や歪んで見える部分があるので、僕はこれを「文章の解像度が低い」と言います。算数・数学・理科・社会でも同じことが起こり、言語の違う英語も同様です。

この「文章の解像度」を高めることは、国語の学力を高めるために重視される、語彙力を高めることと同じくらい重要で、しかもそれとは本質的に異なる方法が必要です。

そこで僕が行き着いたのが「読ませ聞き」です。僕は個別指導だけを行うようになってすぐに、どの学年の生徒にどの教科を教える時も、これから解く問題文・設問文を全て音読してもらい、読み間違いを全て訂正しました。

結果、「読ませ聞き」の効果は大きいものでした。まず、生徒の国語の学力が短期間で着実に上がりました。例えば、中学入試対策塾の模試で小学5年生の1年間ずっと国語の偏差値が50前後だった生徒が、「読ませ聞き」を始めて3か月後くらいから偏差値60を超えるようになりました。さらに、「読ませ聞き」で国語の学力が上がることで、他の教科の学力向上にもつながった生徒たちを多く見ることができました。例えば、算数・数学で、問題文の示す条件の見落としや設問文の要求の早合点が多かった生徒が減りました。

ただし、「読ませ聞き」は効果的ですが、集団授業も11年間行った僕の経験から、集団授業を行っている方が授業の中で、あるいは授業と並行してこれを行うのは難しいと思います。参考までに僕の場合の数字を挙げると、個別指導で3年間の入試対策の授業時間が約１２０時間、その内の約60時間を「読ませ聞き」に使い、換算すると生徒1人に1週間で25分使います。

このような事情からも、第0章でも述べたように、「保護者の方など」が分担して「読ませ聞き」を行うのがよいと思います。

第1章　国語辞典を楽しく読むコツ

第1節　言葉につっこみを入れる

この章では、お子さんが国語辞典を読む時の心がまえを自然に身につけていくために、国語辞典を楽しく読むコツについて述べます。

国語辞典を楽しく読むためのコツはいろいろとありますが、まず最初に、僕自身が小学6年生の時に『新明解国語辞典』（三省堂）を読み通した時に一番楽しかったことを挙げます。

僕は大阪で生まれ育ち、漫才が大好きでした。その僕から見ると、国語辞典に登場する言葉は、今で言う「つっこみどころ満載」のものが多かったです。この「つっこみ」がどんな感じだったのかを、小学生のお子さんでも読みやすい、『小学館　はじめての国語辞典』（小学館）を使って示してみます。

例えば次の見出し語とその説明を見てみます。

いきうまのめをぬく【生き馬の目を抜く】

生きている馬の目をぬきとるという意味から、すばやくて、ゆだんができないことのたとえ。

……どんなたとえやねん！

「生きている馬の目をぬきとる」という状況に至る現実的な脈絡が全く理解できません。

これだけでも楽しかったのですが、さらに楽しかったのが、この全く理解できない脈絡を無理矢理想像してみることでした。中学生になって国語で漢文を習い始めたので、「生き馬の目を抜く」にも古代中国の故事があるのではないかと想像してみました。

僕が想像した故事は、「何か難病があって、それに効く薬の原料として馬の目が必要で、その調達専門の盗賊集団のような人達がいて、彼らはその妙技で生きている馬からでさえ目を抜くことができた」というものでした。

この例で僕が大切だと思っているのが、僕がこの言葉の意味の由来の正解をすぐには調べようとしなかったことです。それどころか、僕は未だにこの言葉の意味の由来を知りません。今ならインターネットなどで調べれば正解はすぐに分かるのかもしれませんが、あえて正解を調べず、間違っていてもよいから答えを自分で考えてみるのも楽しいと思います。この、想像＝創造の楽しさは次節などの内容にも関わってきます。

なお、余談ですが、『小学館　はじめての国語辞典』を読んでいると、次のような見出し語とその説明がありました。

たんじょうせき【誕生石】

生まれた月に関係づけてきめた宝石。身につけると幸運をよぶといわれる。

そして同じページに大粒の見事な宝石たちの写真が載っていました。

……こんな凄い宝石を身につけている時点ですでに十分幸せやろ！

第2節　オリジナルの例文を作る

国語辞典を楽しく読むコツとして次にご紹介したいのが、馴染みがなかったり気になったりした見出し語から、オリジナルの例文を作るということです。まず、『小学館 はじめての国語辞典』（小学館）の「おまえ」という見出し語の例文を見てみます。

「おまえのものはおれのもの、おれのものもおれのもの」

これは漫画・アニメ『ドラえもん』の登場人物であるジャイアンによって生み出されたジャイアニズムと呼ばれる思想を表したものです。これはお子さんでなくとも、ふざけて真似したくなるセリフです。現に僕は人生で何度も、大人になってからもこのセリフを口にしました。

僕は人が言葉を学ぶ際には、ある言葉を学んだ人が自分もその言葉を使いたいと思えるかどうかがとても大切だと思っています。ですから、子ども向けの辞典の見出し語の例文を、お子さんが親しみやすくて真似したくなるようなものにすることは一見識だと思います。

ちなみに王様のイラストが表紙に描かれた同辞典は、同じ出版社で他にドラえもんの表紙の国語辞典も販売されているせいか、見出し語の例文に『ドラえもん』を感じさせるものが多く、読んでいてよくニヤリとさせられます。

そして、国語辞典の見出し語の例文を自分で作ることにも、前述の例文と同様の効果があります。気に入った例文を作ることができると、それを早く実際に使ってみたいあまり、その機会が現実に発生するのを待ち構えるようになり、度が過ぎるとその機会を無理やり現実に作り出そうとするようにさえなります。辞典の見出し語のオリジナルの例文を作ることが現実を変えてしまいかねないのが面白いところです。

僕の場合の例を挙げてみます。『小学館　はじめての国語辞典』を読んでいると、「たちよみ【立ち読み】」という見出し語の例文が次のようになっていました。

「まんがを立ち読みする」

僕であればここは「国語辞典を立ち読みする」という例文にします。そしてすぐに書店に行って国語辞典を立ち読みし、妻に「今日は本屋さんで国語辞典を一日中立ち読みしちゃったよ」と言うと思います。僕はこのようなことの積み重ねで、「国語辞典は引くものである」という世の中の認識が、「国語辞典は読み通すものである」というふうに変わっていくことを願っているのです。

第3節　意外な事実で人を驚かす

僕は小学校低学年の生徒に、『ままごと』の『まま』って何のこと?」という質問をよくしました。多くの生徒が、「お母さん」と答えます。「ままごと」は「ママがすることの真似」と考えているのです。

ここで、僕の手元にある『小学館　はじめての国語辞典』(小学館)で「ままごと」という見出し語の説明を読んでみます。

ままごと

料理やせんたく・買い物など大人が家でする仕事をまねるあそび。「まま」はごはんのこと。

「まま」は「おまんま」の仲間なのです。

この正解を知った生徒は例外なく他の生徒に僕と同じ質問をして正解を教えます。自分が意外な事実を知って驚くと、それを他の人にも伝えて驚かしたくなるのは、人間の本能に近いものなのでしょう。

ですから、国語辞典を楽しく読むコツとして、そこで知った意外な事実を他の人に伝えて驚かすということがあると思います。例えば生徒は、疑問点や面白いと思ったことなどに線を引いて、あとで保護者の方に伝えるといったこともできます。

そして、意外な事実の中には大人でも驚くものがあります。例として、同辞典の「もうちょう」という見出し語の説明を読みます。

もうちょう【盲腸】

大腸のはじめの部分。もう腸えんをおこすのは、ここではなく、虫垂という所。

盲腸炎と虫垂炎を同じ意味で使うものの、盲腸と虫垂が別の部位で、盲腸炎と言う時も実際の患部は虫垂であると知っている大人は少ないのではないでしょうか。

僕が同辞典を読んで知った意外な事実は、「とどのつまり」の意味の由来です。

とどのつまり

「ボラ」という魚は大きくなるにつれて名がかわり、最後に「トド」とよばれる。そのことから、けっきょくのところという意味。

いわゆる出世魚の名前が意味の由来です。そして、出世魚については同辞典の「ぶり」のコラムにも意外な事実が書かれていました。

出世魚のぶりは、ぶりに至るまでの名が関東と関西で異なるのです。僕は関西人なので、自分が「ハマチ」と呼ぶものを関東の人が「イナダ」と呼ぶのを知って驚きました。

この、同じものの呼び名が地方によって異なるという現象は、日本史で学ぶ「名主」（関東の呼び名。関西では「庄屋」、北陸では「肝煎」）などにも見られ、奥が深いです。国語の方言や言葉の多様性については第3章でも考えてみたいと思います。

コラム2　百面相ゲーム

国語辞典を読み通す時に他の人を巻き込むことができれば、いろいろ楽しいことができます。ここでは僕が生徒とした、僕が「百面相ゲーム」と呼ぶものをご紹介します。

「百面相ゲーム」は、国語辞典の人の表情についての見出し語の説明を読み、実際にその表情を自分と相手がしてみて、どちらが上手いか競うというものです。

例えば、「したり顔」が面白いです。『小学館 はじめての国語辞典』（小学館）の説明を見てみます。

したりがお【したり顔】
してやったというような、とくいな顔つき。

僕と生徒がそれぞれ「したり顔」をして勝敗を決めるのですが、勝った方が「よっしゃー!」となった時にする、正に本物の「したり顔」が、勝負の時にしていた「したり顔」と全く違うのです。

他には、「そ知らぬ顔」も面白いです。同辞典の説明を見てみます。

そしらぬかお【そ知らぬ顔】
知っていながら、知らないふりをした顔。

これは、「知らないふり」がバレてはいけないわけで、下手に表情を作らずに「普段の表情」でいれば勝ちなのですが、意識するとできないもので、大抵勝負なしになります。

このゲームは元々、生徒が知らない、人の表情についての言葉を分かりやすく説明するために、僕が実際にその表情をして見せたことにルーツがあります。

初めてしたのは、「苦虫を噛み潰したような顔」でした。同辞典の説明を読んでみます。

にがむしをかみつぶしたよう【苦虫をかみつぶしたよう】
まるで苦い虫をかみつぶしでもしたような、ひじょうにきげんの悪い顔つき。

僕がこの表情を生徒にして見せた時、内心で、「苦虫てどんな虫や？　そもそも虫なんか噛み潰したことないし」と思っていたのですが、生徒にも「先生、虫食べたことあるんですか？」と言われました。

比喩では、何かを架空のものでたとえることもあります。「鬼のような人」などがそうです。これが比喩として成立するのは、僕たちが「鬼」についてそれなりのイメージを持っているからです。しかし、「苦い虫を噛み潰すこと」については、僕たちは「鬼」に比べて貧しいイメージしか持っていないと思います。なぜでしょうか。さらに、このような事情にも関わらず、この比喩は日本語に定着しており、これも不思議です。比喩については第3章で考えてみます。

楽しく読めるようになった中級者編

第2章

国語辞典で読んだことを5教科の勉強、特に中学入試対策に広げる

第1節　英語①　外来語の発音から元の英語の発音を知る

日本語は英語などの外国語を外来語としてカタカナで表記することで取り込み続けてきたため、国語辞典の見出し語にもかなりの数の外来語が登場します。

そこでこの章の第1節〜第3節では、外来語から英語を勉強する方法をいくつかご紹介します。中学入試ではまだ英語が必要な学校が少ないので、アルファベットの読み書きができる小学生のお子さんの英検5級対策開始をイメージして話を進めます。

まずは外来語の発音から元の英語の発音を知る方法について述べます。例として、『小学館　はじめての国語辞典』（小学館）の「インターネット」という外来語の見出し語を使います。この辞典には「インターネット」の元の外国語の表記がないので、大人向けの国語辞典を引いてみます。『新明解国語辞典　第八版』（三省堂）で「インターネット」を引くと、それが元は英語であることと、その表記が分かります。

そこで次に初級の英和辞典を引きます。英和辞典を引くと、元の英語の発音が書いてあるのですが、初級の英和辞典の場合、正式な発音記号に加えて、それを可能な限り忠実にカタカナで再現したものも書いてあるのが普通です。手元の『ベーシックジーニアス英和辞典　第2版』（大修館書店）では、「インターネット」の元の英語の発音のカタカナ版は「インタネト」です。

この例から分かることは、外来語の表記には、元の英語の発音のカタカナ版にはない「ー」（長音符）と「ッ」の音（促音）があるということです。これらの現象がいかに多く起こっているか、ぜひ他の例でも確認してみてください。

「ッ」（促音）に関しては、英語にはこれに相当する音がないので、外来語にこれがある場合は発音しないようにしさえすれば元の英語の発音になります。

「ー」（長音符）に関しては、英語の正式な発音記号にもこれに相当するものがあるので、個々の外来語ごとに確認する必要があります。しかし、元の英語の正式な発音記号に「ー」（長音符）に相当するものがないのに外来語には「ー」（長音符）があるという場合が多いです。例えば『小学館 はじめての国語辞典』の「オーケー」という見出し語は、『ベーシックジーニアス英和辞典 第2版』では「オウケイ」となっています。この辺りのルールも、先ほどの3種類の辞典を使った確認作業を続けるうちに分かってきます。

ちなみに、こうして複数の種類の辞典を次々に使うことを、僕は「辞典のリレー」と呼んでいます。回りくどい方法ですが、お子さんの一生の勉強のためにはよいことが多いです。これについては次々節や後出のコラム３「僕の辞典読み通し歴」で詳述します。

第2節　英語②　和製英語と日本独自の英語の用法

前節で、『小学館 はじめての国語辞典』（小学館）の外来語の見出し語と同じ見出し語を『新明解国語辞典 第八版』（三省堂）でも引き、それが元は英語であることと、英語での表記を確認しました。この作業を行っていると、ある外来語が和製英語であると分かることがあります。和製英語とは、日本人が英語を組み合わせて作った言葉で、英語ネイティブには通じないもののことをいいます。

例えば、「ジェットコースター」という外来語は、「jet」という英語と「coaster」という英語を組み合わせて作られた和製英語です。これが英語ネイティブには通じないことを確認するために、初級の英和辞典の巻末に付いていることの多い和英辞典を引いてみます。『ベーシックジーニアス英和辞典 第2版』(大修館書店)に付いている和英辞典では、「ジェットコースター」は「roller coaster」となっており、確かに「jet」という英語は使われていません。では、なぜ和製英語では「jet」を使うようになったのか、調べてみるのも面白いと思います。

前節の最初に述べた通り、日本語は多くの外国語をカタカナで表記して外来語として取り込み続けてきました。この歴史がかなり長いため、今日では和製英語も相当な数が作られており、日本人が英語を学ぶ際の注意点の1つとなっています。

また、前述の確認作業である「辞典のリレー」を行っていると、ある外来語が和製英語ではなく元はれっきとした英語であるにも関わらず、元の英語での意味とは異なる意味で使われているという、日本独自の用法に気づくこともあります。これも日本人が英語を学ぶ際の注意点の1つです。

例えば「ハイウエー」という外来語を『新明解国語辞典 第八版』で引くと、元は英語の「highway」で、英語での意味は「公道」ですが、外来語としての意味は「高速道路」だということが分かります。

このことを『ベーシックジーニアス英和辞典 第2版』に付いている和英辞典でも確認して見ると、「高速道路」の英語は「expressway」、「freeway」となっており、確かに「highway」という英語ではありません。

ちなみに、『ベーシックジーニアス英和辞典 第2版』で「expressway」を引いてみると、これはアメリカ英語での言い方で、イギリス英語では「motorway」という言葉が同じ意味を表すということが分かります。「辞典のリレー」をすると、外来語と英語、英語の中でもアメリカ英語とイギリス英語といった、言葉の違いを知ることができます。アメリカ英語とイギリス英語については、第3章で英語の歴史について述べる中で再び触れます。

第3節　英語③　外来語のうち元が英語以外のもの

前節のように「辞典のリレー」を行った場合、外来語のうち元が英語以外の外来語もあると分かり、お子さんが英語以外の外国語にも興味を持つきっかけになります。これが「辞典のリレー」のよい点の1つです。

例えば「カッパ」や「トタン」などは元がポルトガル語です。これは日本史で学ぶ、室町時代末から南蛮貿易などでポルトガル語が日本に入ってきたこととの関係が気になるところで、調べてみると面白いと思います。

また、「スポイト」や「ピンセット」などの科学・医療系の外来語は元がオランダ語ですが、似た系統の外来語である「ガーゼ」や「カルテ」は元がドイツ語です。これも、江戸時代の日本でオランダ語によって蘭学が行われたことや、明治時代の日本が文明開化の際にプロイセン（後のドイツ）から多くの知識を取り入れたことなど、日本史で学ぶ国同士の関係を調べてみると面白いと思います。特に、明治時代の日本がドイツから医学を学んだことに関しては、国語で『舞姫』などの文学作品の作者として学ぶ森鴎外が、ドイツに留学経験のある軍医でもあったことが思い出されます。

他にも「バザー」の元はイスラム教国で「市（いち）」を表す言葉、「バンガロー」の元はヒンディー語で「インドのベンガル地方の」を表す言葉、などの例があります。

面白いのは「パスタ」と「ラーメン」です。外来語「パスタ」は元がイタリア語で、「イタリアの麺類の総称」の意味ですが、元の外国語としてはドイツ語もあり、その場合は「のり状の物」、つまり元が英語の外来語である「ペースト」と同じ意味で使われます。また、「ラーメン」は元が中国語の「拉麺」で、「中華そばの、料理としての称」の意味ですが、ドイツ語にも「ラーメン：Rahmen」という言葉があります。その場合は工学などでよく登場する「ラーメン構造」を表します。

ちなみに、『小学館 はじめての国語辞典』（小学館）の「すし」という見出し語のコラムでは、「イクラ」という外来語の元はロシア語だとあります。漫画・アニメ『サザエさん』のイクラちゃんの名前は和風ではなくロシア語だという……。

話が英語の勉強から逸れたかに見えますが、実はここでは、外来語の元がフランス語であるものについてはあえて例を挙げていません。英語はフランス語の言葉をそのまま取り込んでいることが多く、これについては第3章で英語の歴史について述べる際に詳述します。

コラム3　僕の辞典読み通し歴

これまで度々登場した「辞典のリレー」の最もよい点は、お子さんがさまざまな辞典を読もうとするきっかけになるということです。ここでは参考までに、さまざまな辞典を読み通した僕の辞典読み通し歴について述べます。

僕が初めて読み通した辞典は、小学6年の時に読み通した『新明解国語辞典』（三省堂）でした。毎日30分ほどを1年間続けることで読み通しました。僕の家の台所には両親が読書家だったせいか本棚があり、その中に同辞典もありました。これを読み出したのは、母の夕食の準備を台所で待つ時間潰しのためでした。僕の家は店をしていて、母が夕食の準備を始めてもそれが中断しがちだったのです。

さて、僕は同辞典を読んでいた時から、漢字によってはかなり異なる意味を持つものがあることが気になっていました。例えば「横」という漢字は、「縦横」という熟語の場合は「よこ」という意味だが、「横死」という熟語の場合は「普通でない」という意味である、などです。

このようなことの理由が知りたいと思って『字統』（平凡社）という漢字の字源辞典

を読みました。これが面白かったので、同じ作者の『字訓』（平凡社）という古語辞典も読みました。これらを読み通したのが中学1、2年の時ですが、おかげで古文・漢文はその後、特に勉強せずに大学入試2次試験も乗り切りました。

次に僕が辞典を読み通したのは、僕が25歳の時です。これは僕が塾・予備校で英語を教え始めた年で、この1年間で、中学・高校の時に使っていた『ジーニアス英和辞典』（大修館書店）を読み通しました。おかげで英語を教えるには一応困らなくなりましたが、国語辞典と漢字の字源辞典を読んだ時の経験から、英語も語源辞典を読んだ方が深く理解でき、生徒にとっても面白い授業ができると思い、次の1年間で『英語語源辞典』（研究社）を読み通しました。また、生徒の英作文、特に自由英作文の添削のために英語ネイティブの発想が知りたくて、次の年に『Collins コウビルド英英辞典』（桐原書店）を読み通しました。

次に僕が辞典を読み通したのは、僕が41歳の時です。僕はこの年に数理社会学会に入会したのですが、他の研究者の方の話すことが全く分からないのは避けたかったので、入会前の1年間で『岩波数学入門辞典』（岩波書店）と『マスペディア1000』（ディスカヴァー・トゥエンティワン）を読み通しました。

僕の辞典読み通し歴ですが、辞典を読み通すことがその時々の勉強や仕事と完全にリンクしています。僕の経験では、辞典を1冊読み通したら、それに関する分野で何らかの仕事はできるという感じです。

以上のような話を聞くと、これほど何冊もの辞典を読み通せるのはごく少数の人だけだと思うかもしれません。しかし、事実は全く逆です。辞典は読み進めば読み進めるほど、読むスピードはどんどん上がっていきます。それは、同じ事柄が何回も登場するからです。そして、これらの事柄に関しては、繰り返し登場するため、覚えようとしなくても嫌でも覚えてしまいます。だから早い時期に辞典を読み続ける習慣を身につけることが大切なのです。

はじめから完璧にやろうとすると「そんなのできない」と思いがちです。自信がない子は辞典の半分のページから読んでみるなど、お子さんのペースに合わせて1日の読むページ数を決めて大丈夫です。繰り返しになりますが、大切なのは無理なく続けて辞典を読む習慣をつけること、そしてそのために「対話」をしていくことなのです。

第4節　算数①　アラビア数字と四捨五入

僕は中学入試の算数の問題を、解くのに分数の四則演算が必要かどうかで分類します。僕の分析では、問題全体の3分の1近くはそれが不要で、残りの約3分の2は必要です。また、前者の方が易しい問題が多いです。合格ラインは満点の6割前後のことが多く、前者を確実に解くことが重要です。

そこで、この節からの4つの節ではまず、国語辞典で読んだことを、分数の四則演算を使わずに解ける算数の問題の勉強に広げます。最初に、『小学館 はじめての国語辞典』(小学館)の「アラビアすうじ」という見出し語の説明を見てみます。

アラビアすうじ【アラビア数字】
0・1・2・3……など、主に、算数で使う数字。インドで使われはじめ、アラビア人がヨーロッパにつたえた。算用数字。↓ローマ数字（表）

「0」があることが重要で、参照項目は、「ローマ数字」という見出し語の表です。現代数学を生んだヨーロッパでは、アラビア数字の前はローマ数字（Ⅰ、Ⅱ、Ⅲ……）が使われていました。

同辞典の「ローマすうじ」という見出し語の表を見ると、ローマ数字には、アラビア数字にはある、数値の位（けた）を定める「位取り」の概念がありません。これはアラビア数字にはある「0」の概念がローマ数字にはないためです。

中学入試の算数では、「十の位を四捨五入して600になる数のうち、最大のものと最小のものを答えなさい」といった問題が出ます。また、四捨五入は算数・理科・社会の計算でも必要です。この四捨五入は、「位取り」の概念を前提にしています。『小学館 はじめての国語辞典』の「ししゃごにゅう」という見出し語の説明を見てみます。

ししゃごにゅう【四捨五入】
数をもとめるとき、四以下は切り捨て、五以上は切り上げて一つ上の位に一をくわえる計算方法。

「位取り」の概念のあるアラビア数字であれば、四捨五入は方法さえ覚えれば後は機械的にできますが、その概念のないローマ数字ではそもそも不可能です。

四捨五入の方法では、「4以下は4を含む」、「5以上は5を含む」という、「以下」、「以上」

の意味が大切で、これは国語の問題です。「以上」「以下」と意味を混同しがちなのは、「以外」という言葉です。「4以外」は「4を含まない」からです。

ちなみに四則演算の筆算も「位取り」の概念を前提としています。多くのお子さんは繰り上がりや繰り下がりが面倒だと言いますが、ローマ数字で同じ計算をする方が遥かに面倒ですから、アラビア数字での繰り上がりと繰り下がりには感謝しましょう。

第5節　算数②　色分け

この節では、解くのに分数の四則演算が不要な問題のうち、「色分け問題」と呼ばれるものについて述べます。まず、『小学館 はじめての国語辞典』（小学館）の「いろわけ」という見出し語を見てみます。

いろわけ【色分け】

①地図などを色をかえて、ぬり分けること。

ここでは「地図」の例として、横長の長方形の内部を2本の縦の線分で区切ったフランス国旗のようなものを考えます。中学入試の問題では、「これを赤・青・黄の3色全てを使って塗り分ける方法は何通りありますか」といった問題が出ます。

3色全て使う場合、左側の部分に塗れる色は3通り、これらのそれぞれに対して真ん中の部分に塗れる色は2通り、これらのそれぞれに対して右側の部分に塗れる色は1通りですから、3×2×1＝6で、答えは6通りとなります。

かけ算で解けますが、かけ算を使わなくても、左側の部分に赤を塗った場合、真ん中の部分に塗れるのは青か黄、ここで真ん中の部分に青を塗った場合、右側の部分に塗れるのは黄……というように、順序よく枝分かれしていく「樹形図」を書く方法もあります。

この問題の発展編は、「赤・青・黄の3色全てを必ずしも使わなくてもよい場合、塗り分ける方法は全部で何通りありますか」です。

この問題では、①3色全て使う場合、②2色使う場合（例：赤・青・赤）、の場合分けをします（1色使う場合では塗り分けできないのは明らかです）。①は前述の通りです。残る②の場合は、まず、3色からの、使う2色の選び方（これは3色からの、使わない1色の選び方と同じです）が3通り、これらのそれぞれに対して左側の部分に塗れる色は2通り、これらのそれぞれに対して真ん中の部分に塗れる色は1通り、これに対して右側の部分に塗れる色は1通りで、3×2×1×1＝6の6通りです。最後に①と②を足して答えは12通りです。

この「地図」は最低2色あれば塗り分けられますが、これに関する数学の定理として、「どんな地図でも4色あれば塗り分けられる」という「四色定理」があります。このことは19世紀半ばに証明の試みが始まる前から経験的には知られており、お子さんはある程度複雑な地図を適当にいくつか描き、それらが4色以内で塗り分けられることを体感できます。しかし、この証明は難しく、ようやく1976年に証明された後も大変物議を醸しました。証明のためにテストする必要のあった地図の数が膨大で、そのテストをコンピュータが行ったために、人間が確認できないものを証明として認めてよいのか抵抗を感じる人もいたからです。今日では数学の証明にコンピュータを使うことは普通になっていますが、「四色定理」はその元祖なのです。

第６節　算数③　カレンダー問題

この節では、解くのに分数の四則演算が不要な問題のうち、「カレンダー問題」について述べます。

中学入試で出る「カレンダー問題」は次のようなものです。「ある年の1月8日が土曜日である時、同じ年の8月8日は何曜日ですか。ただしこの年はうるう年ではありません」

解き方の算数的なポイントは、1月8日の「後に」1週間（7日）経つごとに再び土曜日になるので、1月8日の「何日後」が8月8日かを計算することです。計算の結果は「212日後」ですので、後は212÷7＝30…2より、30回目の土曜日のさらに2日後、つまり月曜日が答えとなります。

しかし、この問題は解き方の算数的ポイントより、国語的ポイントの方がはるかに重要です。前述の「212日後」を計算するためには、「大の月」「小の月」「うるう年」という言葉の意味を完璧に覚えておく必要があるからです。

そこで、『小学館 はじめての国語辞典』（小学館）の「だいのつき」「しょうのつき」「うるうどし」という見出し語をそれぞれ見てみます。

だいのつき【大の月】

三十一日まである月。↕小の月。

しょうのつき【小の月】

一か月の日数が三十日か、それ以下の月。↕大の月。

うるうどし【うるう年】

ふつうの年より一日多い年。二月が二九日あり、一年は三六六日になる。四年に一度来る。↕平年。

まず、「だいのつき」「しょうのつき」という両方の見出し語の説明に参照指示のあるコラムは同じものですので、これを見てみます。そこには、「小の月は、『十一（じゅういち）』を『士（さむらい）』と見て、『二四六九士（にしむくさむらい）小の月』とおぼえます」と書いてあります。また、「うるうどし」という見出し語の説明から、普通の年は2月が28日あることが分かります。

2つ前の節で述べた四捨五入も「以下」や「以上」という言葉の意味を正確に覚えるとい

う国語的ポイントがありましたが、「カレンダー問題」の国語的ポイントの比重はそれ以上です。中学入試の算数の問題で、お子さんが算数的ポイントよりはむしろ国語的ポイントでつまずいて解けないというものの最も典型的な例だと思います。

第7節　算数④　三角形

この節では、解くのに分数の四則演算が不要な中学入試の算数の問題のうち、三角形の面積の公式を使うものに関することを述べます。三角形の面積の公式は、「底辺×高さ÷2」ですが、この「底辺」というのは当然、三角形の3つの辺のどれでもよく、それぞれの場合に対応して「高さ」が決まります。初めてこのことを学んだ生徒は、「鋭角三角形」に関してはすぐに理解するのですが、「鈍角三角形」に関しては理解するのに時間がかかる生徒もいます。

ここで、『小学館　はじめての国語辞典』（小学館）の「えいかく」、「どんかく」という見出し語の説明を見ておきます。

えいかく【鋭角】
直角（九〇度）よりも小さい角。↕鈍角。

どんかく【鈍角】
九〇度から一八〇度の間の角。↕鋭角。

「鈍角三角形」とは三角形の3つの角のうち1つが鈍角の三角形で、3つの角が全て鋭角の三角形が「鋭角三角形」です。

鈍角三角形の3つの底辺とそれぞれに対応する高さについて理解するのに時間がかかる生徒は、底辺を延長すること、つまり「図1」の点線の部分を自分で引くことに慣れるのに時間がかかるのです。しかし、これができることは三角形の面積の公式を使って問題を解く時のポイントの1つです。

慣れるまでは三角形が描かれた紙を回転させて、底辺とした辺が一番下で真横になるようにしましょう。後はその辺を地平線の一部のように考えて、底辺より上側にある頂点が底辺より右側にあるなら底辺の地平線も右側に延長し、左側にあるなら底辺の地平線も左側に延長します。そして、地平線より上側にある頂点から、延長してできた地平線へと垂直な線を引くという方法でよいと思います。

図1

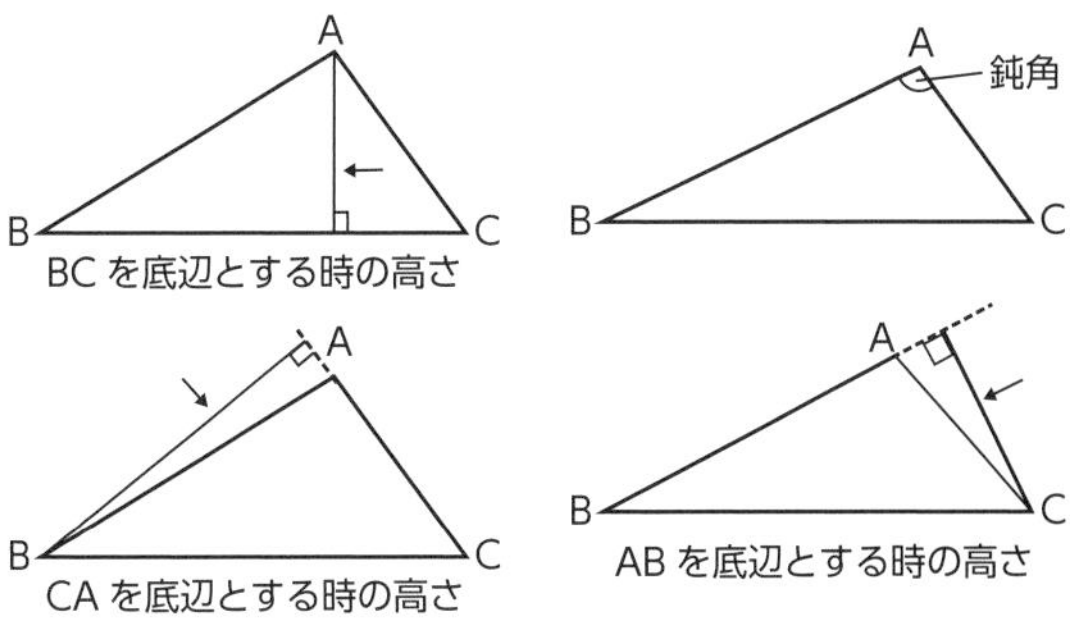

鈍角三角形に関してもう1つ述べておきたいのが、近年、鈍角三角形をフリーハンドで上手く描けない生徒が小学校高学年の生徒でも増えていることです。例えば、「図2」の一番上にある鈍角三角形を僕が描いて、生徒にも同じものを描いてもらうと、「図2」の真ん中にある直角三角形に近いものになったり、「図2」の一番下にある二等辺三角形に近いものになったりします。原因としては、整った形の三角形しか描き慣れていないことや、定規を使って描く時間が長過ぎたことなどが考えられます。ちなみに僕は、筆算の横線や分数の横線も全て定規で書く小学校高学年の生徒に何人も出会いました。ともあれ、図形をフリーハンドで自由自在に描けることは算数・数学では重要で、練習してなるべく早く慣れておくのがよいです。このことは後出のコラム4「見取り図」でも述べます。

図2

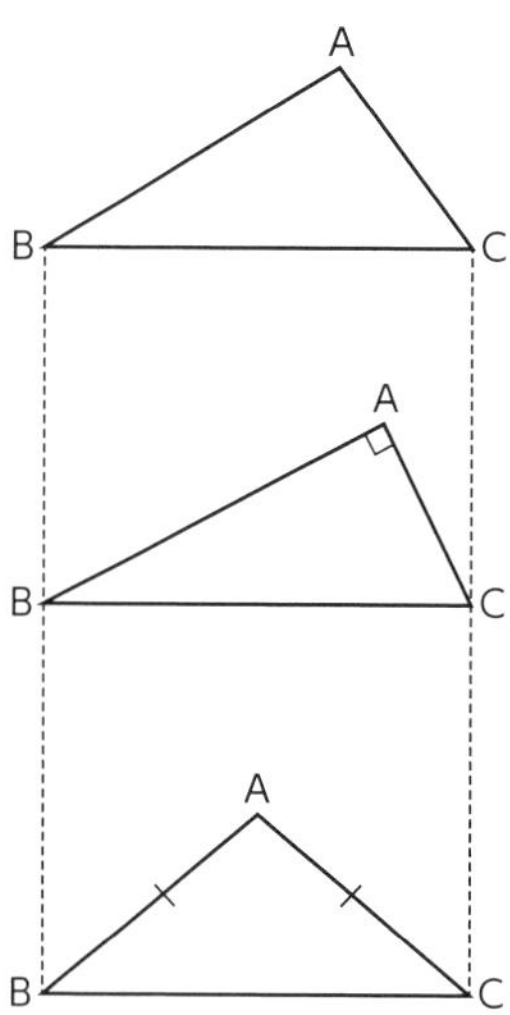

第8節　算数⑤　三角形と多角形

この節では、解くのに分数の四則演算を必要としない中学入試の算数の問題に関わる、三角形以外の多角形について述べます（なお、この節では多角形として凸多角形だけを考えます）。前節で三角形について述べましたが、三角形についての理解は四角形などの他の多角形の理解にもいろいろと応用が利きます。

例えば、前節で述べた三角形の面積の公式を覚えれば、四角形の面積の公式はあまり覚える必要がありません。四角形はある頂点から引いた1本の対角線によって2つの三角形に分けられ、その2つの三角形の面積を足せば四角形の面積を求められるからです。

『小学館 はじめての国語辞典』（小学館）の「しかくけい」という見出し語の説明にある、「いろいろな四角形」という図には、平行四辺形、台形、ひし形、長方形、正方形の図がありますが、これらの図を見ると、四角形が1本の対角線によって2つの三角形に分けられることがよく分かります。ですから、台形の面積の公式である「(上底＋下底)×高さ÷2」や、ひし形の面積の公式である「対角線×対角線÷2」が覚えにくいという生徒は、とりあえず三角形の面積の公式をしっかり覚えればよいと思います。

また、三角形の3つの内角の和は180°で、四角形はある頂点から引いた1本の対角線で2つの三角形に分けられますから、四角の内角の和は360°になります（図3）。そして、正多角形は全ての内角が等しいので、正方形の内角は全て、360÷4＝90で90°になります。これは五角形の場合（図4）や六角形の場合（図5）でも、ある頂点から引ける対角線の本数が変わる以外は同様に考えられます。

いま、「多角形のある頂点から引ける対角線の本数」と述べましたが、これを使うと「十角形の対角線が全部で何本か」といった、中学入試の算数で出る問題も解けます。多角形のある頂点から対角線を引く場合、その頂点自身と両隣の頂点の合計3個には引けません（両隣の頂点に引いた線はそれぞれ「辺」になります）。

ですから、十角形の場合、ある頂点から引ける対角線の本数は10－3＝7で7本になり、頂点の数は10個ですから、7×10＝70で答えは70本……ここで要注意なのは、例えば頂点Aから頂点Cに引いた対角線と、頂点Cから頂点Aに引いた対角線が全く同じものだということです。前述の70本というのは、それぞれの対角線を2回ずつ数えてしまっているので、答えは70÷2＝35で35本です。同じ答えを、図を描いて求めるのは大変だと思います。

ちなみに、前述の、同じものを重複して数えてしまっていないかどうかの確認は、中学・高校の数学で順列・組み合わせを学ぶ際にも非常に重要です。

図３

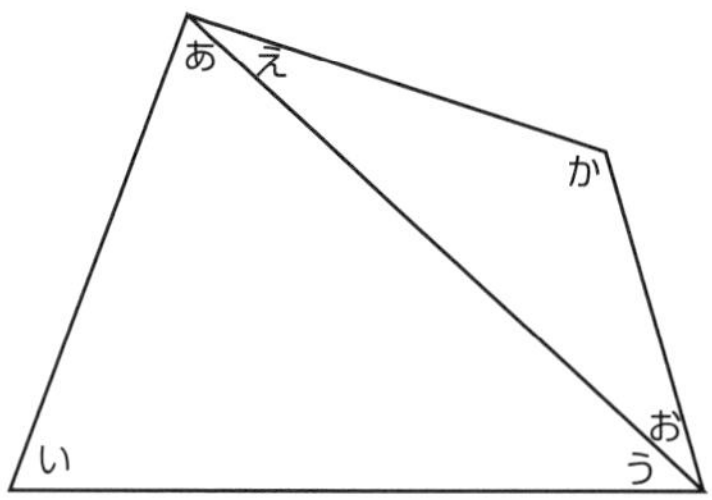

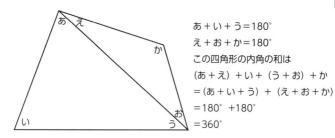

あ＋い＋う＝180°
え＋お＋か＝180°
この四角形の内角の和は
（あ＋え）＋い＋（う＋お）＋か
＝（あ＋い＋う）＋（え＋お＋か）
＝180°＋180°
＝360°

図４

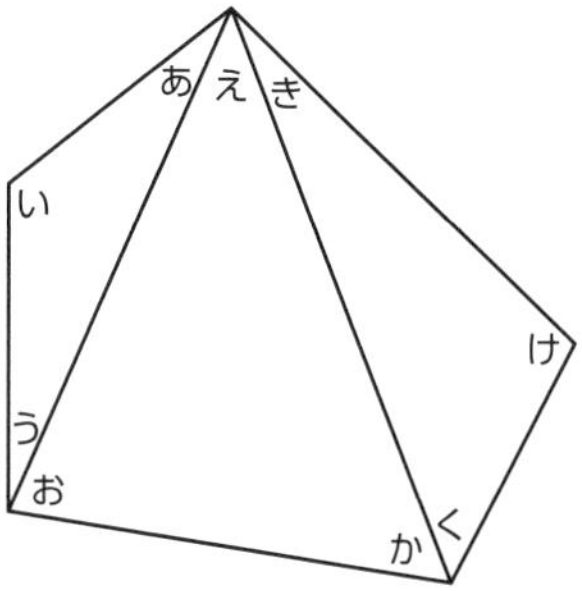

あ＋い＋う＝180°
え＋お＋か＝180°
き＋く＋け＝180°
この五角形の内角の和は
（あ＋え＋き）＋い＋（う＋お）
＋（か＋く）＋け
＝（あ＋い＋う）＋（え＋お＋か）
＋（き＋く＋け）
＝180°＋180°＋180°
＝540°

図５

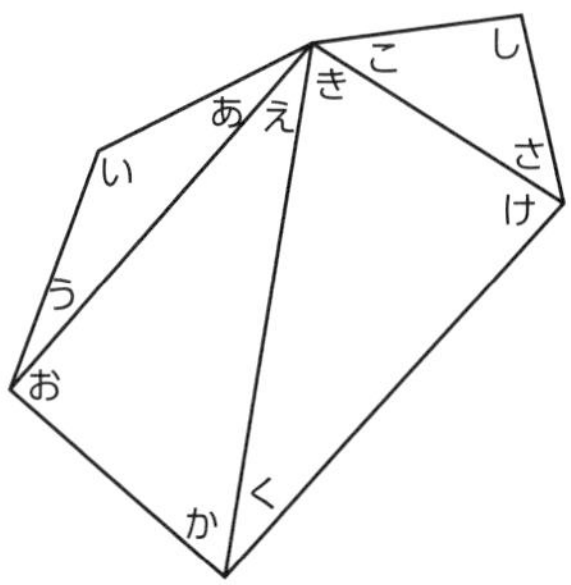

あ＋い＋う＝180°
え＋お＋か＝180°
き＋く＋け＝180°
こ＋さ＋し＝180°
この六角形の内角の和は
（あ＋え＋き＋こ）＋い＋（う＋お）
＋（か＋く）＋（け＋さ）＋し
＝（あ＋い＋う）＋（え＋お＋か）
＋（き＋く＋け）＋（こ＋さ＋し）
＝180°＋180°＋180°＋180°
＝720°

第9節　算数⑥　倍数と約数

この節では中学入試の算数の問題のうち、解くのに分数の四則演算が必要なものの前提である倍数と約数について述べます。

まず、『小学館 はじめての国語辞典』（小学館）の「ばいすう」「こうばいすう」「さいしょうこうばいすう」という見出し語の説明を見ます。

ばいすう【倍数】
ある数の何倍かになっている数。たとえば六、九、十二は三の倍数である。↕約数。

僕は3の倍数の例は3から始めます。僕の倍数の説明は、3の倍数なら、「3×1、3×2、3×3、……と続けていったものの答え」というものです。

こうばいすう【公倍数】
二つ以上の整数の、どの整数からでもわりきれる整数。たとえば、十二は二・三・四・六の公倍数。↕公約数。

公「倍」数の説明に「わりきれる」という言葉を使っていますが、僕は「2つ以上の異なる数それぞれの倍数の列を見比べた時に、全ての列に共通して現れる数」と言います。

さいしょうこうばいすう【最小公倍数】
公倍数の中でいちばん小さい数。

次に、同辞典の「やくすう」「こうやくすう」「さいだいこうやくすう」という見出し語の説明を見ます。

やくすう【約数】
ある整数をわりきることができる整数。▼「六の約数は一・二・三・六の四つである」↕倍数。

こうやくすう【公約数】
二つ以上の整数の、どちらをも、わることができる整数。たとえば、三は六と九の公約数。↕公倍数。

さいだいこうやくすう【最大公約数】

公約数の中でいちばん大きい数。

分数の四則演算では最小公倍数が通分に、最大公約数が約分に役立ちますが、最「大」公倍数、最「小」公約数などと言って混乱する生徒が多いので、これらについても説明します。まず最「大」公倍数ですが、異なる数の最小公倍数の倍数全てが元の数たちの公倍数で、最「大」公倍数はいくらでも大きくなり、通分には使えません。

例えば、2と3の最小公倍数は6で、その6の倍数である、6、12、18、…は、全て2と3の公倍数で、最「大」公倍数を求めようとしても、いくらでも大きくなり値が決まりません。次に最「小」公約数ですが、1は全ての数の約数で、異なる数の最「小」公約数は常に1となり、約分には使えません。

第10節　算数⑦　損益売買算

この節では、解くのに分数の四則演算が必要な中学入試の算数の問題のうち、「損益売買算」について述べます。例えば次のような問題です。

「原価200円の商品を100個仕入れ、10％の利益を見込んで定価をつけました。定価で80個売り、20個売れ残りました。売れ残った商品を定価の10％引きで売った時、利益の総額は何円ですか」

この問題を解くための算数的なポイントは％の理解です。10％の10は分数の分母を100とした時の分子の数のことですから、10％＝10/100で、これは前節で述べた、100と10の最大公約数の10による約分で1／10となります。％の理解は他にも、算数と理科の両方で出る水溶液の濃度の問題などを解くのにも使うので重要です。

ただ、この問題を解くには、算数的なポイントよりも国語的なポイントの方が重要かもしれません。ここで、『小学館 はじめての国語辞典』（小学館）で「げんか」「りえき」「ていか」という見出し語の説明を見てみます。

げんか【原価】
もとのねだん。売るために仕入れたねだん。

りえき【利益】
①もうけ。とく。収益。▼「利益を上げる。利益を生む」↕損失。

ていか【定価】
品物につけてあるきまったねだん。

この問題を解くには、これらの言葉の意味を覚えたうえで、「原価(仕入れ値)＋利益＝定価」という関係も覚えておく必要があります。これは国語の問題です。
では問題を解きます。最初に見込んだ商品1個あたりの利益は原価200円の1/10ですから、200×1/10＝20で20円となり、この利益が80個分出たので、この分の利益は20×80＝1600で1600円です。一方、商品の定価は200＋20＝220で220円となり、その10%引きは220－220×1/10＝198で198円となります。要注意なのは、この値段は商品1個あたりの原価より安く、この値段で売ると商品1個あたり200－198＝2

で2円の「損失」が出てしまうことです。この値段で20個を売るのですから、損失の総額は2×20＝40で40円となります。前述の80個分の利益の１６００円と考え合わせると、利益総額は1600－40＝1560で１５６０円が答えとなります。

ちなみに、最後の引き算の時に損失の総額の方が多いと、いわゆる「赤字」となります。損失が出た時になぜ「赤字」というのかも調べてみると面白いと思います。

コラム4　見取り図

第2章第7節「算数④」で述べたように、近年、算数の図形をフリーハンドで上手く描けない生徒が増えています。このことは立体の「見取り図」についても言えます。『小学館　はじめての国語辞典』（小学館）の「みとりず」という見出し語の説明を見てみます。

みとりず【見取り図】
たてものや土地などのだいたいのようすがわかるように書いた図。▼「見取り図をかく」

この見出し語のところには立体の見取り図の具体例が示されていないので、同辞典の「えんすい」という見出し語のところにある「円すい・円柱・円筒・角すい・角柱」という図を見るとよいです。

このような図を見て自分でも描けるように練習するのがよいのですが、その際のポイントは、同じ立体の、見る視点を変えた見取り図も描く練習をすることです。

中学入試の算数でも、「立方体を1つの平面で切って2つの立体に分け、小さい方の立体の体積を求める」といった問題が出ますが、「図6」のように、立方体を見る視点を変えた見取り図を描けると問題が解きやすくなることも多いです。

図6

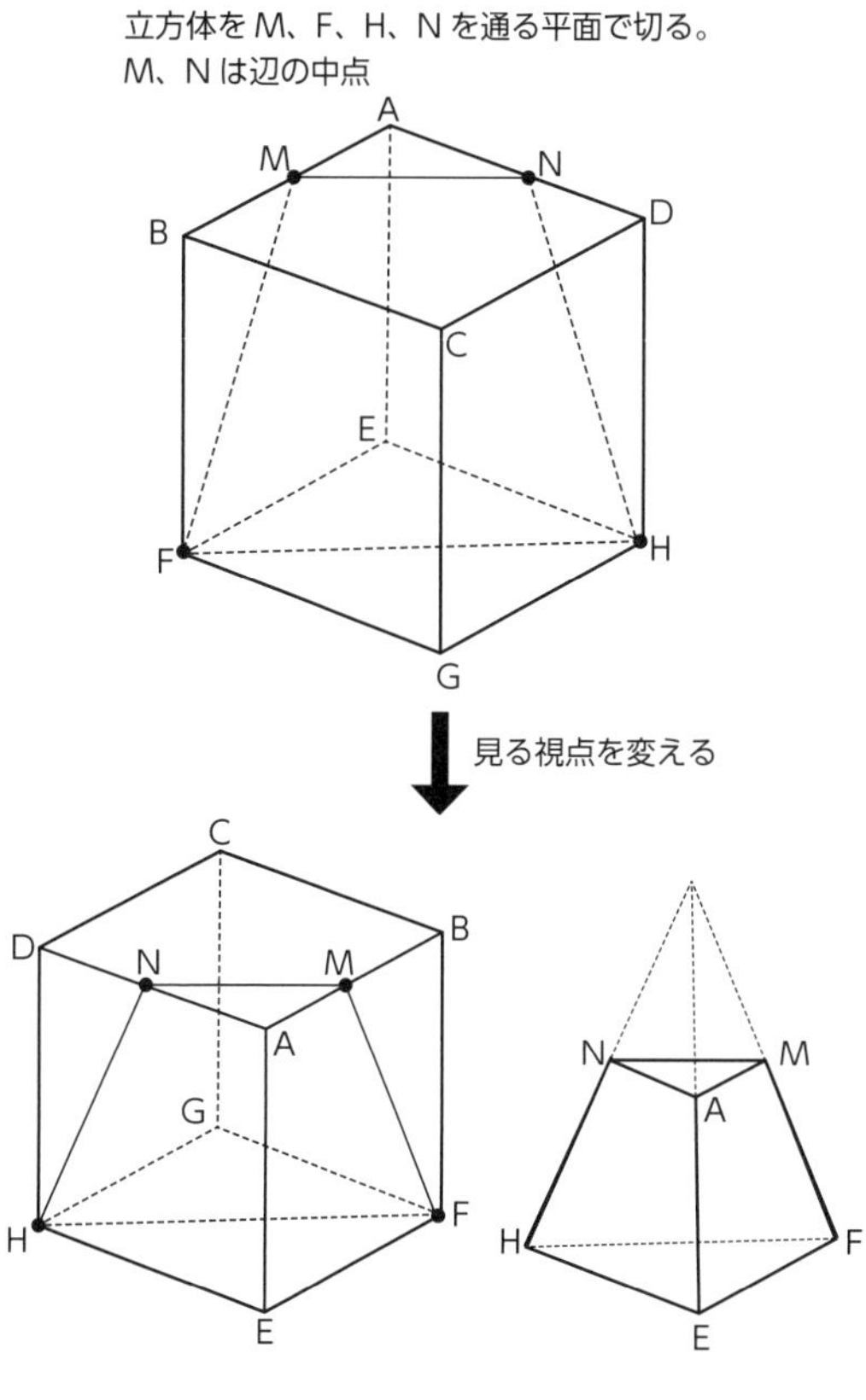

第11節　国語①　熟語の成り立ち

この節では、国語辞典の見出し語に出てくる熟語の成り立ちについて考えることを、中学入試の国語の勉強に活かす方法を述べます。

熟語の成り立ちとは例えば次のようなことです。

・「敬愛」という熟語は似た意味の漢字を組み合わせている
・「音訓」という熟語は反対の意味の漢字を組み合わせている
・「共感」という熟語は上の漢字から下の漢字へと読める
・「乾杯」という熟語は下の漢字から上の漢字へと読める

熟語の成り立ちについて問う問題は、中学入試の国語の問題そのものより、中学入試対策の塾が実施している小学5年生向けのテストなどでよく出ますが、中学入試対策としても勉強する意義があります。前述の例で言うと、「音訓」を「音読み・訓読み」と理解すれば語彙が増えますし、「敬愛」を「敬う・愛する」と理解したり、「共感」を「共に感じる」、「乾杯」を「杯(さかずき)を乾かす」と読んだりすれば、元は音読みで読んでいた漢字の訓読みも覚えられるからです。

熟語の成り立ちとして変わったところでは、「度度」のように同じ漢字を繰り返すものがあります。この場合は「度々」と書くことが多く、『小学館 はじめての国語辞典』（小学館）の「たびたび」という見出し語の説明では、「々」は「同じ文字をくり返すという意味のおどり字という記号」と説明されています。さらに同辞典で「おどり字」という見出し語の説明を見てみます。

おどりじ【踊り字】
同じ漢字やかなをくり返すときに、かわりに書く字。「元々」「さゝの葉」の「々」「ゝ」など。くりかえしふ号。

「度度」という例を挙げたのは、「度度『度度』と書く」と「度々『度々』と書く」の2つの文を比べると踊り字のありがたみが分かると思ったからです。

熟語の成り立ちは3字以上の熟語についても考えることができます。例えば「玉石混交（ぎょくせきこんこう）」という四字熟語は、「玉石」が反対の意味の漢字を組み合わせており、「混交」は似た意味の漢字を組み合わせています。また、四字熟語全体を「玉（たま）・石が混ざる・交わる」と読むことができます。

面白いのは「五十歩百歩」という熟語です。「五十歩」と「百歩」が似た意味なのか反対の意味なのかは、故事、つまり、この熟語ができた由来を知らないと分かりません。ぜひ調べてみてください。このように、故事を知らないと意味が分かりにくい言葉については、第3章で漢文について述べる際に触れます。

第12節　国語②　類義語と反対語

前節で述べた熟語の成り立ちのうち、似た意味の漢字を組み合わせたものと、反対の意味の漢字を組み合わせたものを活用すると、類義語と反対語についての勉強が深まります。

まず類義語ですが、例えば「樹木」という似た意味の漢字を組み合わせた熟語について、『小学館 はじめての国語辞典』（小学館）で「じゅ」と「き」という見出し語の説明を見てみます。

じゅ【樹】

立っている木のこと。▼「樹木。果樹」

き【木】

①かたく強い幹を持った植物。②材木。▼「木をけずる」③たきぎ。▼「木をくべる」→【木（ぼく）】

「樹」は生きている木だけを意味し、「木」は生きている木と、死んで人間に使われる木の両方を意味するという細かなニュアンスの違いがよく分かります。実際、同辞典の「じゅ」

という見出し語の説明のところにある、この漢字を使った熟語の一覧を詳しく見てみると、「樹液」「樹齢」といった、木が生きていることを感じさせる熟語がほとんどです。

次に反対語ですが、例えば「善悪」という反対の意味の漢字を組み合わせた熟語を覚えれば、「善人」と「悪人」、「善意」と「悪意」などが反対語であることが芋づる式に覚えられます。ただし、ここで注意すべきことがあります。例えば同辞典の「あくひつ」という見出し語の説明を見てみます。

あくひつ【悪筆】

字がまずいこと。また、下手な字。↕達筆。

「悪筆」の反対語は「達筆」となっています。このように、「善」と「悪」が必ずしも対応していない反対語も多いです。

面白いのは「悪徳」の反対語が「美徳」であるという例などです。「悪徳商人」、「悪徳政治家」などとは言いますが、「美徳商人」、「美徳政治家」などとは言いません。ここには言葉の慣用の問題が関わっており、多くの人が、実社会では「美徳商人」などいないと、事実かどうかはさておき思っているということが分かります。

この節で述べたようなことまで意識して類義語と反対語を勉強していけば、お子さんの日本語はとても洗練されたものになっていくと思います。

第13節　国語③　文脈から言葉の意味を判断する

中学入試の国語の問題を実際に解いていくうえで、文脈から言葉の意味を判断することは重要です。中学入試の国語の問題で必ず出るものに、「棒線部のカタカナを漢字にしなさい」というものがあります。そしてこのような問題では同音異義語のある語がよく出されます。

ここで『小学館 はじめての国語辞典』(小学館)で「さいかい」という見出し語を見てみると、「再会」「再開」「最下位」という3つの同音異義語が載っています。前述のような問題として例えば「1年後にサイカイした」というものが出されると、正解が「再会」なのか「再開」なのかは決まりません。正解が決まるにはより詳しい文脈が必要です。例えば「別れた恋人と1年後にサイカイした」なら正解は「再会」に、「ピアノの練習をやめたが1年後にサイカイした」なら正解は「再開」に決まります。

僕はこのように文脈から言葉の意味を判断する力が、文章の内容を正確に理解する読解力の核だと思っています。このことは、ある言葉が文脈によって正反対の意味を持つ場合に、特に重要になります。例えば同辞典で「けっこう」という見出し語の説明を見てみます。

けっこう【結構】

②よろしい。よい。▼「スポーツはおおいにけっこうだ」
③もう、たくさんということわりのことば。▼「ごはんはもうけっこうです」

文章中で登場人物のセリフとして一言、「けっこう」と出てきた場合などに、文脈から意味を判断するのに失敗すると、正反対の内容で文章を理解することになってしまいます。
より微妙な例として、同辞典の「はばかる」という見出し語の説明を見てみます。

はばかる

①えんりょする。▼「世をはばかる。人目をはばかる」
②はばをきかせる。いばる。▼「にくまれっ子世にはばかる」

この言葉の場合、意味を判断する文脈が「世を」の「を」と、「世に」の「に」との違いのみということも十分考えられます。「結構」や「はばかる」は国語辞典に正反対の意味が元々載っている言葉ですが、そうでない言葉でも、皮肉として使う場合は元の意味と正反対の意味として使われるので、文脈からそれに気づけるだけの読解力が必要になってきます。皮肉については第3章で詳しく述べます。

第14節　国語④　慣用句

この節では、中学入試の国語で出る慣用句の問題について述べます。国語辞典を読み通すとよく分かるのですが、慣用句には身体の部位を含むものが非常に多く、中学入試の国語でもこれらがよく出ます。入試問題の本文に登場したこれらの慣用句の意味を問う問題が多いですが、身体の部位を含む慣用句のうち、身体の部位を表す言葉を空欄にして、その空欄に入る言葉を文章中から抜き出せという、ひねった問題も出ます。このような問題は、正解の慣用句を元から知っていれば、わざわざ文章中から空欄に入る言葉を探す必要はなく、解く時間が節約できます。その言葉が本文の他の箇所にもあるからこそ、出題者はこのような問題を作れるのです。

身体の部位を表す言葉を含む慣用句の例として、『小学館　はじめての国語辞典』（小学館）の「うでによりをかける」という見出し語の説明を見てみます。

うでによりをかける【腕によりをかける】
力やわざを十分にあらわそうと、はりきるようす。

これなどは「より」の漢字「縒」が難しくて小学生で習わないこともあり、小学生の生徒がわりと意味を知らない慣用句です。

似たようなパターンですが、多くの小学生の生徒にとってさらに難しい例として、同辞典の「ふにおちない」という見出し語を見てみます。

ふにおちない【ふに落ちない】

のみこめない。なっとくできない。▼「どうもふに落ちない行動だ」

これなどは「ふ」が身体の部位を表す言葉だと気づかない生徒が多いです。この「ふ」も漢字を小学生で習わないのですが、逆に「腑」と書いてくれた方が、部首が「月（にくづき）」なので身体の部位を表す言葉だと分かり、文脈から意味がとれそうです。

中学入試の国語の慣用句の問題の他のパターンは、ある慣用句と同じ意味、あるいは反対の意味の他の慣用句を選ぶというものです。例として同辞典の「なきつらにはち」という見出し語を見てみます。

なきつらにはち【泣き面に蜂】

泣き顔を、ハチがさすということで、こまっているうえに、こまったことがかさなること。弱り目にたたり目。

「泣き面に蜂」と同じ意味の慣用句として「弱り目にたたり目」が挙げられています。知らない慣用句は正確に意味をとれないことが多いので、出てくる度に意味を覚えていくことが大切です。

第15節　国語⑤　比喩

この節では、中学入試の国語で出る比喩の問題について述べます。問題のパターンは「棒線部を比喩で言い換えた部分を本文中から抜き出しなさい」というものがほとんどですが、難易度は問題によってかなり差があります。

最も易しい問題は、比喩のための定番の言葉が使われているものです。これは例えば、「まるで雪のように白い肌」という時の「まるで」や「ように」のような言葉です。このような言葉が使われている場合は、それを見つければ問題が解けます。「まるで」より小学生の生徒が気づきにくい言葉の例として、『小学館　はじめての国語辞典』（小学館）の「あたかも」という見出し語の説明を見てみます。

あたかも
まるで。ちょうど。▼「あたかも、かみなりのような音だ」

ちなみに、この言葉はお子さんが普段あまり使わない言葉だと思いますので、第1章第2節で述べたオリジナルの例文を作ってみるのもよいかもしれません。

より難しい問題は、このような言葉が使われていないものです。その中でも比喩を比較的見つけやすいのが、人間でないものを人間でたとえた場合です。同辞典の「ぎじんほう」という見出し語の説明を見てみます。

ぎじんほう【擬人法】
動物などをまるで人間みたいにあらわす方法。たとえば、「鳥が歌い、花がわらう。」のような表現。

厄介なのは、「あたかも」などの言葉を含まず、また、擬人法でもない場合です。そうした問題は比喩を見つけるのが大変になることが多いです。僕は、このような場合に本文を通読して比喩が見つけられなかったら、あっさり諦めて他の問題に時間を使う方がよいと思います。

とはいえ、一応このような場合の対処法も述べておきます。前述の「まるで雪のように白い肌」という例文からも分かる通り、比喩は「その場面にあるもの」を「その場面にないもの」でたとえるのが原則です。この例文では前者が「肌」、後者が「雪」です。ですから、本文中のある場面に、本来ないはずのものが登場したら、それは比喩の一部である可能性があります。

例えば「勝利したチームの結束は鉄だった」という文の「鉄」がそれで、「鉄」が比喩になります。そして、この場合は、本文中の「鉄」というたった1字に反応できる注意力が問題を解くために必要だということになります。

第16節　国語⑥　心情を表す言葉

この節では、中学入試の国語の文章、特に物語文の内容を正確に理解するうえで重要になる、心情を表す言葉について述べます。
まず、人物の行動を表す言葉がそのままその人物の心情も表している例として、『小学館はじめての国語辞典』（小学館）の「せせらわらう」という見出し語の説明を見てみます。

せせらわらう【せせら笑う】
ばかにしてわらう。

この行動には何かをばかにするという心情が含まれています。「せせら笑う」は「笑う」の一種ですから、少なくとも何らかの心情を表す言葉だということには気づきやすいですが、このことに気づきにくい例として、同辞典の「そうごうをくずす」という見出し語を見てみます。

そうごうをくずす【相好を崩す】

顔つきをかえて、うれしそうににこにこする。▼「孫の声をきいて相好を崩す」

この行動には嬉しいという心情が含まれていますが、多くの小学生の生徒はそれに気づきません。逆に言うと、だからこそ、このような言葉を多く覚えることが、特に物語文の読解力を高めるために重要になります。

心情を表す言葉として他に重要なのが、擬音語や擬態語です。同辞典で「ぐつぐつ」という見出し語を見てみます。

ぐつぐつ
あぶくをたててよくにえる音や、そのようすをあらわすことば。▼「すき焼きのなべがぐつぐつにえる」

この言葉のように元は擬音語でそれが擬態語としても使われるということはわりとあります。例えば、「はらわたがぐつぐつ煮えくりかえる」という文では、「ぐつぐつ」は怒りの心情を表す擬態語になります。擬態語としてのみ使われる言葉で心情を表すものの例として、同辞典の「すごすご」という見出し語の説明を見てみます。

すごすご

がっかりして、元気をなくしたようす。▼「すごすご引きさがる」

この擬態語には、がっかりするという心情が含まれています。

このように、心情を表す言葉を多く覚えると、中学入試の国語の問題、特に物語文に関するものはかなり解きやすくなります。

第17節　国語⑦　問題の答えを書く時の言葉遣い

この節では、中学入試の国語の問題の答えを書く時の言葉遣いについて述べます。僕の経験では、生徒が問題の答えとしては正解かそれに近いことを書いているのに、その言葉遣いのせいで減点されることが非常に多いからです。まず、『小学館　はじめての国語辞典』（小学館）の「いい」という見出し語の説明を見てみます。

いい
「よい」のくだけた言い方。

この、「くだけた言い方」というのは、生徒が友達などと話す時の言い方で、主に話し言葉で使われます。そしてこれは、試験などの比較的真面目な場での書き言葉としては使わないことになっています。

多くの生徒はくだけた言い方に慣れているので、国語の試験の答えを書く時に、知らず知らずのうちにこれを使ってしまっていることに自分ではなかなか気がつけません。

対策としては、「くだけた言い方」の反対の「格式ばった言い方」を書き言葉として使っている文章を多く読むことがありますが、このためにはやや古い時代の文章を読むのがよいと思います。

次に、同辞典の「こそあどことば」という見出し語の説明を見てみます。

こそあどことば【こそあど言葉】

「これ・それ・あれ・どれ」や「この・その・あの・どの」などのように、ものごとや方向、場所、ようすなどをさししめすことば。頭だけを読んで、「こそあど」という。

この説明を読めば分かる通り、「これ」「それ」「あれ」の仲間の言葉（前述の同辞典の説明に登場したもの以外にも、「こっち」「そっち」「あっち」など、わりと多いです）は、非常に多くのものごとをさすことができ、それぞれの言葉が具体的に何をさすかを知るには、どうしても文脈が必要です。

ですから、生徒が問題の答えを書く時に、本文中にあるこそあど言葉だけをそのまま使ってしまうと、これらは元の本文の文脈から切り離されてしまい、答えの採点者はこれらの言葉が具体的に何をさすかが分からなくなってしまいます。そのため、こそあど言葉をそのまま抜き出して使った答えの書き方は、言葉遣いのせいで減点されてしまうのです。

対策としては、例えば、本文中の「これ」という言葉が本文中で「誠也くんのバット」をさすのなら、答えを書く時は「これ」という言葉を使わず、代わりに「誠也くんのバット」と書けばよいです。

第18節　国語⑧　敬語

敬語は、多くの生徒が国語で苦手とする分野です。この原因としては、生徒が日常生活で敬語を使い慣れていないことの他に、敬語についての説明に微妙なところがあることも大きいです。

敬語は尊敬語・謙譲語・丁寧語に分類され、尊敬語と謙譲語は話し手（書き手）が、自分の話す（書く）文の中に登場する人に敬意を表したい時に使い、丁寧語は話し手（書き手）が、自分の話す（書く）文の聞き手（読み手）に敬意を表したい時に使います。

以上の敬語の説明には微妙なところはありません。微妙なところは、この続きの説明でよく登場する「尊敬語は敬意を表したい人を高める言い方」「謙譲語は敬意を表したい人に対してへりくだる言い方」という説明にあります。僕はこれまで多くの生徒に、「敬意を表したい人を自分より高めるのも、敬意を表したい人に対して自分がへりくだるのも、結果として敬意を表したい人は自分より上になり、違いが分からない」と言われました。これは一理あります。

ここで、『小学館　はじめての国語辞典』（小学館）の「おっしゃる」と「もうしあげる」という見出し語の説明を見てみます。

おっしゃる

「言う」のうやまった言い方。▼「おっしゃることはわかります」

もうしあげる【申し上げる】

「言う」を、へりくだっていうことば。▼「おいわいのことばを申し上げる」

「おっしゃる」の説明に出てくる「うやまう」について同辞典の説明を見ると、「あいての人をとうとぶ。尊敬する」とあります。「へりくだる」という言葉に対して「高める」などの言葉を使わずに「うやまう」という言葉を使っているところに、同辞典の編集部の苦労が感じられます。しかし、謙譲語の中には「申す」という言葉もあり、「はじめまして。鈴木と申します」の「申す」は丁寧語に近く、謙譲語の説明に「へりくだる」という言葉を使うのにも微妙なところがあります。

僕は尊敬語と謙譲語の説明としては、小学生の生徒が中学生・高校生になったら学ぶ古文の「仕手尊敬」「受け手尊敬」の概念をそのまま伝えます。「敬意を表したい人『が』することは尊敬語に変え、敬意を表したい人『に』することは謙譲語に変える」です。例えば、先生に敬意を表したい場合に、「先生『が』言う」は「先生がおっしゃる」に変え、「先生『に』言う」は「先生に申し上げる」に変えます。敬語については第3章でより詳しく述べます。

コラム5　クロスワード・ゲーム

第2章第11節の「国語①」で述べたことを活用し、お子さんが熟語を覚えてきたら、お子さんと「クロスワード・ゲーム」をすると面白いです。ゲームのルールは僕が作ったもので、僕もよく生徒としました。

ゲームの参加者は何人でもよいですが、ここでは2人とします。まず、2人のどちらかが国語辞典のページを適当に開いて最初に目に入った漢字1字（ここでは「火」とします）を、2人それぞれが十字型の5マスの真ん中のマスに書き込みます（図7）。後は2人それぞれが相手のクロスワードを見ずに、「火」を含む熟語を4つ書きます。

ゲームの得点の計算法ですが、熟語を作れなかったり、漢字を間違えていたり、そもそも熟語として存在しない言葉を書いたりしたものは無得点です。正しい熟語が書けても、相手もそれと同じ熟語を書いていたものは無得点です。これら以外の熟語1つにつき1点です。また、得点になった熟語が2つ以上ある場合、それらが最初に真ん中に書いた漢字の異なる読み方を使っていれば、異なる読み方1つにつきボーナス得点が1点入ります。得点の計算法の例は「図8」を見てください。勝敗は同じことを何回か繰り返して決めます。もちろん漢字力がある方が有利ですが、相手がどの熟語を書いてくるかを推測する要素もあり、わりと奥が深いです。

このクロスワード・ゲームは、勉強が嫌いな生徒もやってくれることが多いのですが、なかにはお金をかけてする生徒も出てくるので、その点だけはご注意ください。

図7

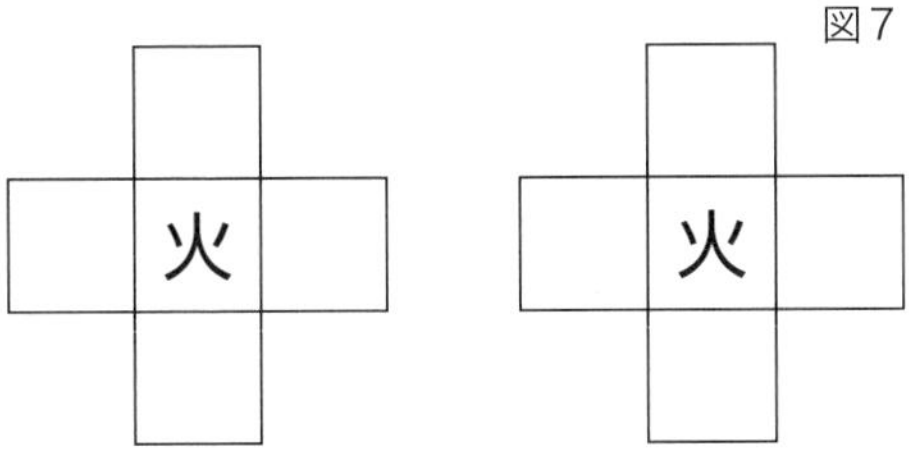

図8

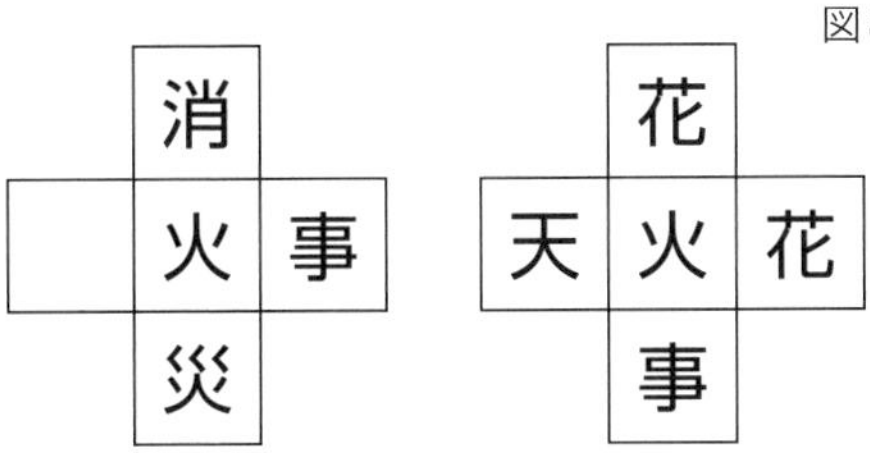

「消火」「火災」で2点
「火事」は相手にもあるので無得点
合計2点

「花火」「天火」「火花」で3点
「火事」は相手にもあるので無得点
「花火」「天火」「火花」は「火」の読み方が全て異なるのでボーナス3点
合計6点

第19節　理科①　くっつき虫

この節からしばらくは、国語辞典で読んだことを理科の勉強に広げることについて述べます。理科はそもそも実験が重要な教科ですので、なるべくお子さんが体感できることを中心に述べていきたいと思います。

この節ではまず、『小学館 はじめての国語辞典』（小学館）の「こうえん【公園】」という見出し語の説明にある図を見てみます。図の中に「オオオナモミ」と「アメリカセンダングサ」の実の図があり、どちらにも、実のとげで「服にくっつく」という説明があります。いわゆる「くっつき虫」のことで、大阪生まれで大阪育ちの僕は「ひっつき虫」と言います。ちなみに、広島生まれで広島育ちの僕の妻は「ひっつきもっつき」と言います。

国語辞典でこのようなものについて読んだら、実物を使っていろいろと実験してみるのがよいです。理科は覚えなければならないことが多い教科ですが、実際に体感したことは覚えやすく忘れにくいからです。例えばくっつき虫なら、どういう物にくっつきやすくどういう物にくっつきにくいか、などです。ちなみに、僕は子どものころに自分の服や飼っていた猫の毛で実験しましたが、化学繊維でできた服については実験していなかったと思います。今日では化学繊維も種類が多いので、ぜひお子さんと実験してみてください。

くっつき虫について一通り実験してみたら、次はくっつき虫がくっつくことにどういう意味があるのかを考えてみるのがよいです。自然現象を説明する仮説を立ててみるわけです。僕がここでお勧めしたいのが、保護者の方などがお子さんに正解をすぐに教えないようにすることです。お子さんがネットなどですぐに正解を調べないようにすることもお勧めします。

とにかく自分で考えてみることが大切で、考えたことが間違っていても何の問題もありません。そもそも「仮」説なのですから。また、正解を知識として覚えるにしても、一度間違った考え方をした後の方が、最初から正解を教えられた場合よりもむしろ正解の印象が強く残り、覚えやすいということも多いです。

前述の、くっつき虫がくっつくことの意味を考えてみると、実、つまり種子が動物にくっつくことで運ばれるという考えが出てくると思います。このことの意味をさらに考えてみるのも面白いですが、ここではこの考えの応用について述べます。この考えの前提として、「植物は動物ほどは自由に移動できない」ということがあります。そうであれば、種子に限らず、その種子を作る前段階の花粉の移動にも同じような考えが適用できそうです。これにより、中学入試の理科で出る虫媒花や風媒花などの概念を覚えることはたやすいことだと思います。

第20節　理科②　光合成と消化

前節に続き、しばらく植物と動物の関係について述べます。この節では中学入試の理科の問題で出る光合成と消化について述べます。まず、『小学館 はじめての国語辞典』（小学館）の「こうごうせい」「でんぷん」という見出し語の説明を見てみます。

こうごうせい【光合成】
植物が栄養をつくるはたらき。葉の中にある葉緑素というものが、太陽の光を利用して、根からすいあげた水と、空気の中の二酸化炭素からでんぷんをつくる。

でんぷん
植物の実・根・くきなどにふくまれ、人のからだの養分になる、炭水化物の一つ。

これらの説明から、植物が作ったでんぷんを、人が食べて消化していることが分かります。
消化に関して中学入試の理科の問題でよく出るのが、「消化器」と「消化管」の区別で、国語力も関わっています。同辞典の「しょうかき【消化器】」という見出し語の説明は、「消化のはたらきをするところ。口・食道・胃・腸など」となっています。ここで例として挙げられている「口・食道・胃・腸」は全て「消化管」の一部です。「消化管」は消化器のうち、食べた物が実際に通る部位のことで、さらに具体的に言うと「口・食道・胃・小腸・大腸・肛門」のことです。消化器は消化管に加えて肝臓や腎臓なども含みます。これらのことは同辞典の［消化器］という図で確認できます。

消化に関して中学入試の理科の問題で他によく出るのが、唾液による消化についてです。同辞典の「だえき」「こうそ」という見出し語の説明を見てみます。

だえき【だ液】口の中に出て、食べ物の消化を助ける液。つば。

こうそ【酵素】生き物のからだの中で作られ、消化のなかだちをするもの。でんぷんを糖分にかえるジアスターゼなど。

酵素の例として挙げられている「ジアスターゼ」は「アミラーゼ」の別称で、これが唾液に含まれています。お子さんがすぐにできる実験は、でんぷんが含まれたご飯粒を口の中で噛み続けて飲み込まずにいると、ご飯粒が甘くなってくるというものです。

中学入試の理科の問題で出る実験は、唾液と混ざっていないでんぷんと、唾液と混ざったでんぷんの両方にヨウ素液を加えるというものです。ヨウ素液はでんぷんに触れると色が青紫色に変わるので、前者では色が青紫色に変わりますが、後者では色は変わりません。

第21節　理科③　光合成と呼吸

この節では、植物と動物の関係のうち、中学入試の理科の問題で出る光合成と呼吸について述べます。まず、『小学館 はじめての国語辞典』（小学館）の「こうごうせい」という前節でも見た見出し語の説明をもう一度見てみます。

こうごうせい【光合成】
植物が栄養をつくるはたらき。葉の中にある葉緑素というものが、太陽の光を利用して、根からすいあげた水と、空気の中の二酸化炭素からでんぷんをつくる。

この説明には書かれていませんが、植物の光合成の結果、酸素も作られます。そこで、同辞典で「酸素」という見出し語の説明を見てみます。

さんそ【酸素】
空気中の成分の一つで、動植物の呼吸になくてはならないもの。色もにおいもない気体。

この説明の、「動植物の呼吸になくてはならないもの」という部分は重要です。植物と動物の関係として、植物が作った酸素を人間などの動物が呼吸によって、生きるために使っているということは多くの生徒が知っていますが、酸素を作る植物自身も呼吸によって酸素を生きるために使っているということは、知らない生徒が意外と多いからです。このことの原因はおそらく、生徒が地球温暖化について学ぶことにより、植物は光合成で温暖化ガスの1つである二酸化炭素を吸収してくれるというイメージが強くなっているからだと思います。

植物自身も呼吸をしているという点を突いた中学入試の理科の問題として、グラフを読み取り、そこから何らかの値を計算するものが出ます。よく出るグラフは、横軸に植物に当たっている光の強さをとり、縦軸に時間あたり（例えば1時間あたり）の植物の体内でのでんぷんの変化量をとったグラフです。

問題を解くためのポイントは、植物に光が当たっていない時、植物の体内のでんぷんが減るということです。つまり、グラフで植物に当たっている光の強さが0の時、でんぷんの変化量がマイナスになるということです。

これは、植物が光合成をしている時もしていない時も呼吸は常にしており、その呼吸のために一定量のでんぷんを常に消費するからです。この、常に消費する一定量のでんぷんの値をおさえておけば、そこから何らかの値を計算する時も正しい値が出せます。

第22節　理科④　昆虫の成長

この節では、植物と動物の関係のうち、動物が植物を食べて成長することについて述べます。中学入試の理科の問題でよく出るのは昆虫の成長についてのものなので、これについて述べます。

まず、『小学館　はじめての国語辞典』（小学館）の「だっぴ」という見出し語の説明を見てみます。

だっぴ【脱皮】

①ヘビやこん虫などがそだつにつれて古い皮やからをぬぐこと。

昆虫は普通、何回かの脱皮を経て成虫になります。

脱皮についても中学入試の理科の問題で出ますが、最もよく出るのは完全変態と不完全変態の区別についてです。同辞典の「へんたい」という見出し語の説明を見てみます。

へんたい【変態】

①動物が成育する間に、形を変えること。▼「チョウは、たまご→幼虫→さなぎ→成虫と変態する」

この説明で例として挙げられているチョウの変態が完全変態と呼ばれるものです。不完全変態と呼ばれるものでは、さなぎの段階がありません。不完全変態の昆虫はバッタやカマキリなど、幼虫と成虫で姿形が似ているものが多いですが、セミなどは不完全変態でも幼虫と成虫の姿形が似ていません。そのせいでセミを完全変態としてしまう生徒が多いです。

僕は生徒に「セミの抜け殻の色はカブトムシのさなぎの色と同じだからセミは完全変態だよ」と言われたことがあります。観察にもとづいているという点では立派な考え方ですが……。

覚え方のポイントは、さなぎは自力で移動できないということです。前述の同辞典の「だっぴ」という見出し語の説明には［セミの脱皮］という写真がありますが、これを見ると、セミの抜け殻には動かせる脚があり、セミの幼虫が最後に脱皮する場所まで自力で移動してきたことが分かると思います。

ちなみに、完全変態と不完全変態で生徒を迷わせる昆虫として、他にトンボがいます。トンボの幼虫はヤゴと呼ばれ、水中に住みます。肉食なので植物を食べて成長する動物ではありませんが、セミと同じで、不完全変態なのに幼虫と成虫の姿形が似ていません。しかし、これもセミと同じで、トンボの幼虫は最後に脱皮する場所まで自力で移動するのでさなぎの段階はありません。

第23節　理科⑤　水の状態変化

この節では植物と関連づけて、中学入試の理科の問題で出る水の状態変化について述べます。水は気体の時は「水蒸気」、液体の時は「水」、固体の時は「氷」と呼ばれ、温度が下がると水蒸気から水、氷へと状態が変化します。このことをお子さんが簡単に体感できるのが、「露」「霜」という現象です。『小学館　はじめての国語辞典』（小学館）の「つゆ」「しも」という見出し語を見てみます。

「つゆ【露】」
夜、空気がひえて、空気中の水分が細かい水のつぶとなって物の表面についたもの。▼「つゆがおりる」

「しも【霜】」
空気中の水蒸気がひえて地上の物にこおりついたもの。▼「しもがおりる」

これらの現象は空気中に水蒸気があることが前提となっていますが、その原因の1つとして植物の存在があります。これについてお子さんが簡単に体感できる方法があり、この方法は中学入試の理科の問題でよく出ます。それは、根・茎・葉のある植物の根を水の入った容器に挿し、植物を透明なポリ袋で覆ってポリ袋の口を容器の口のところでひもでしばって観察するといったものです（実験として厳密に行う場合は水面に油の膜を作ったりします。その理由を考えてみるのも面白いと思います）。

植物は根から水を吸い上げるので、時間が経つと容器の水が減りますが、さらに時間が経つとポリ袋の内側に水滴がつきます。これは、植物が根から吸い上げた水が水蒸気として放出される、蒸散と呼ばれる現象が原因です。ここで、内側に水滴がついたポリ袋を素早く容器から取り外してポリ袋の口を輪ゴムでしばります。このポリ袋を冷やすと、ポリ袋の中にある水蒸気も冷やされ、水蒸気が水に変わり、ポリ袋の内側につく水滴の量が増えます。これは前述の「露」を人工的に作り出したことになります。

なお、実際にこれらのことをやってみれば分かるのですが、理論通りの結果が出ないこともわりと多いです。僕の理科の師匠によると、理科では実験がうまくいかない方が当たり前で、そこでの試行錯誤ほど勉強になることはないとのことです。前述の観察の場合でも、最初に選ぶ植物の種類や、観察する時の室温などによって結果が異なりますので、ぜひお子さんといろいろと試してみてください。

第24節　理科⑥　空気の対流

　前節で空気中の水蒸気が冷やされるということを述べたので、この節では、これと関わりが深く、中学入試の理科の問題で出る、空気の対流について述べます。空気の対流も、海の近くに住むお子さんの場合は簡単に体感することができます。『小学館 はじめての国語辞典』（小学館）の「あさなぎ」「ゆうなぎ」という見出し語の説明を見てみます。

あさなぎ【朝なぎ】
朝、陸からふく風と海からふく風とが入れかわるとき、一時、風がやんで、波がしずかになること。↕夕なぎ。

ゆうなぎ【夕なぎ】
夕方、海からの風が陸からの風にかわるとき、海岸の風が一時しずまること。

　どちらの現象も一定の時間、海岸にいれば体感できますが、これらの現象で風向きを決める原因が空気の対流です。同辞典の「たいりゅう」という見出し語の説明を見てみます。

たいりゅう【対流】
熱のつたわり方の一つ。熱であたためられた水や空気が、上にのぼり、上にあったつめたい部分が下に下がる。このくりかえしで、全体に熱がつたわる。

　朝なぎの前は陸から海に風が吹くので、空気の対流は「図9」のようになり、海の方が陸よりあたたかいと分かります。また、朝なぎの後は海から陸に風が吹くので、空気の対流は「図10」のようになり、陸の方が海よりあたたかいと分かります。夕なぎの前と後の図は、ぜひお子さんが描いてみてください。

　朝なぎの前は海の方が陸よりあたたかく、朝なぎの後は陸の方が海よりあたたかいのは、海の方が陸より温度が変わりにくいためです。

　夜のうちに海も陸も温度が下がりますが、海の方が陸より下がりにくいため、相対的に海の方が陸よりあたたかくなり

図9
朝なぎ前の空気の対流

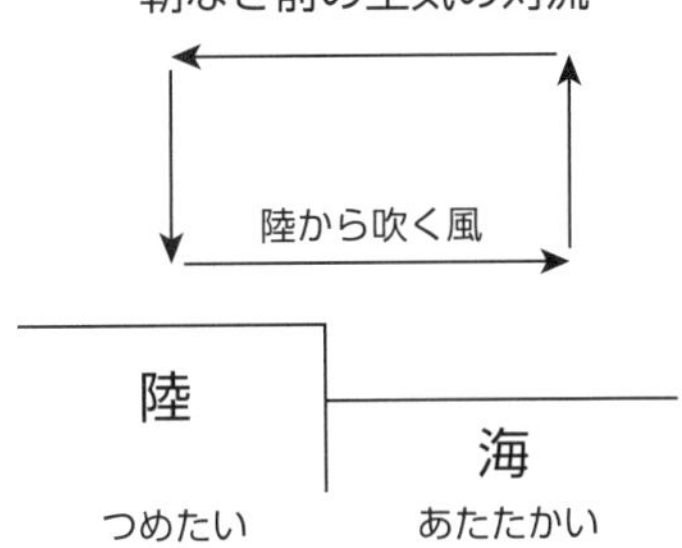

図10
朝なぎ後の空気の対流

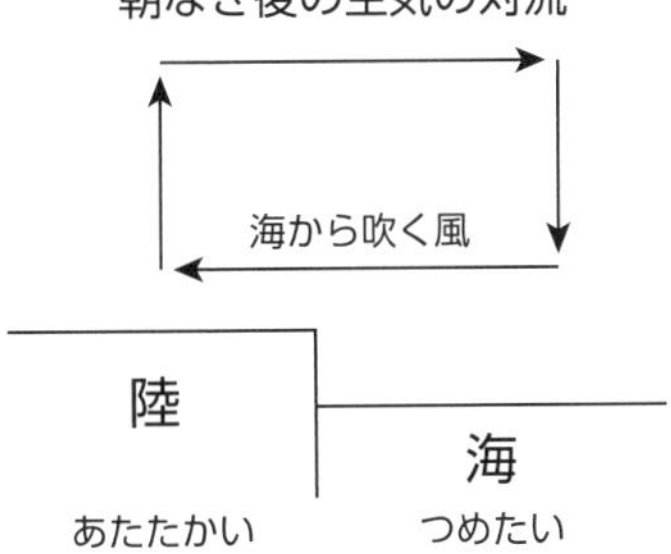

ます。一方で、朝になると海も陸も温度が上がりますが、海の方が陸より上がりにくいため、相対的に陸の方が海よりあたたかくなります。

海の方が陸より温度が変わりにくいということは、物質が異なると温度の変わりやすさも異なるという、比熱の違いとして中学・高校の理科で学びます。しかし、物質の違いの他にも原因があり、実はそれが対流です。前述の「たいりゅう」という見出し語の説明には、水も空気のように対流するとありました。つまり、海は陸と違って対流するのです。なぜそのせいで海の方が陸より温度が変わりにくくなるかを考えてみるのも面白いと思います。

第25節　理科⑦　気圧

前節で空気の対流について述べた時、熱であたためられた空気が上にのぼるという説明がありました。この節では、このことと関わりの深い気圧について述べます。

あたためられた空気が上にのぼるということは、空気の重さが軽くなっているということですが、お子さんが空気の重さを体感する機会はあまりないと思います。これは、人体には空気の重さに抵抗して釣り合いをとる仕組みがあるためです。

また、お子さんにとって空気の重さの概念を分かりにくくしているのが、空気の重さが気圧という言葉で置き換えられるということです。『小学館 はじめての国語辞典』（小学館）の「きあつ」という見出し語の説明を見てみます。

きあつ【気圧】
大気の圧力。空気が地球の表面をおしつけている力。

つまり、空気の重さが力に置き換えられているのです。このことは、厳密には中学・高校の理科でニュートンの運動方程式を学んで初めて理解できることです。さらに、この力はあらゆる方向に働くのですが、その理由も中学・高校の理科で学びます。そしてこれらのことは空気以外の気体についても言えます。ここではとりあえず、これらのことを全て受け入れて話を進めます。

普段の生活の中で、僕たちは人体では体感しにくい空気の重さを体感することができます。これは僕も中学生の遠足の時に体感したのですが、遠足のバスが標高の高い山の道路を走っていた時、おやつに持っていっていたポテトチップスの未開封の袋がパンパンに膨らんだのでした。

標高が高い場所では、その場所より上にある空気の重さが、標高の低い場所でその場所より上にある空気の重さより小さいため、空気がポテトチップスの袋を外側から押す力も弱くなります。他方で、未開封の袋の中に入っている気体の重さは標高によっては変わりませんから、この気体が袋を内側から押す力は変わりません。結果として、空気が袋を外側から押す力より、袋の中の気体が袋を内側から押す力の方が大きくなり、袋が膨らむのです。

また、前節で述べた空気の対流のことを思い出すと、あたためられた空気が上にのぼっている場所では、その場所の上にある空気が軽くなっているので気圧も低くなり、いわゆる低気圧の状態になります。反対に、冷やされた空気が下に下がっている場所では、その場所の上にある空気が重くなっているので気圧も高くなり、いわゆる高気圧の状態になります。

第26節　理科⑧　温度の違い

前々節で空気の対流について述べた時、朝になると海も陸も温度が上がると述べましたが、その後、太陽が昇るにつれて海も陸も温度はさらに上がっていきます。この節ではまず、1日のうちのこのような温度の違いの原因を、陸を例に述べます。

熱が光として伝わることを放射といい、太陽の熱は光として地球に伝わります。「図11」は、ある場所で朝、太陽が出たばかりの頃に太陽の光が地面に当たっている様子を示しています。

他方で「図12」は、同じ場所で正午に太陽の光が地面に当たっている様子を示しています。太陽が最も高いところに昇ることを南中といい、太陽が南中する時刻が正午です。放射や南中は中学入試の理科の問題でもよく出ます。

さて、これら2つの図のポイントは光の量を光の帯の幅で表していることで、この幅は2つの図で変わりません。2つの図の違いは光が地面に当たる角度で、このため、「図11」は「図12」よ

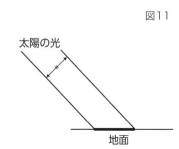

図11

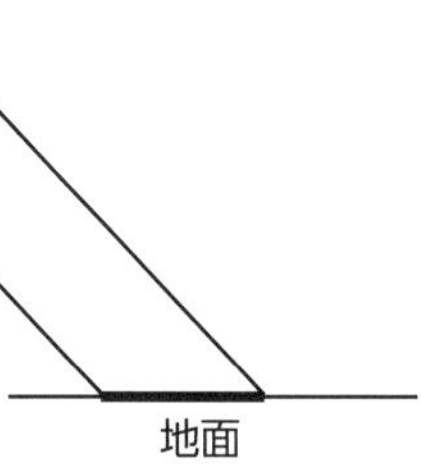

図12

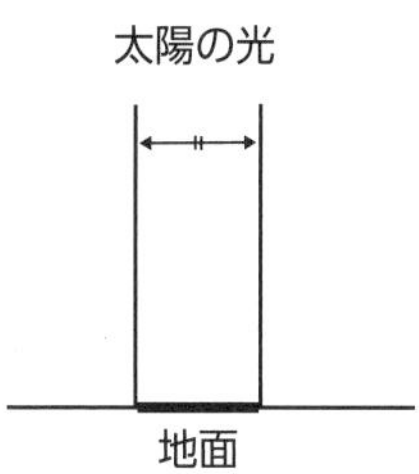

り光が当たっている地面の面積が大きく、単位面積あたり（例えば1㎡あたり）の地面に当たる光の量が「図12」より少なくなり、地面の温度もより緩やかに上がります。反対に「図12」では地面の温度はより急に上がります。これが1日のうちの地面の温度の違いの原因です。

そして、これと全く同じことが、季節による地面の温度の違いの原因になっています。『小学館 はじめての国語辞典』（小学館）の、「こうてん」「ちじく」という見出し語の説明を見てみます。

こうてん【公転】
地球や火星などのわく星が太陽のまわりを回ること。また、月などの衛星がわく星のまわりを回ること。↕自転。

ちじく【地軸】
地球の北極と南極とをむすぶ直線。地球はこれをじくにして西から東へ回っている。

「図13」は地球の公転の軌道を真横から見て、地球が太陽の左側にある時と右側にある時を描いたものです。この図のポイントは、地軸が実際には図のように傾いているということです。この結果、太陽の光が地球の同じ場所にあたる角度が、地球が太陽の左側にある時と右側にある時で異なります。

「図14」は左側と右側それぞれでの、北半球の日本付近の様子を大まかに示したもので、左側が前述の「図12」に近く、右側が前述の「図11」に近いです。地球の公転が1周に1年間かかることを考えれば、「図14」の左側では日本は夏で右側では日本は冬であることが分かります。春と秋についてはぜひお子さんが考えてみてください。

図13

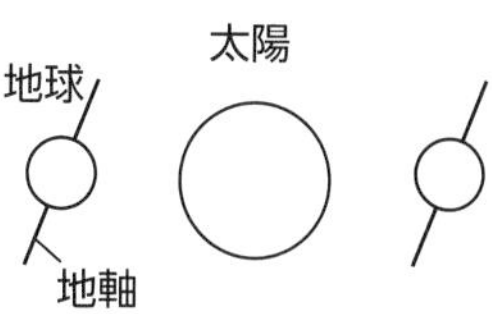

図14

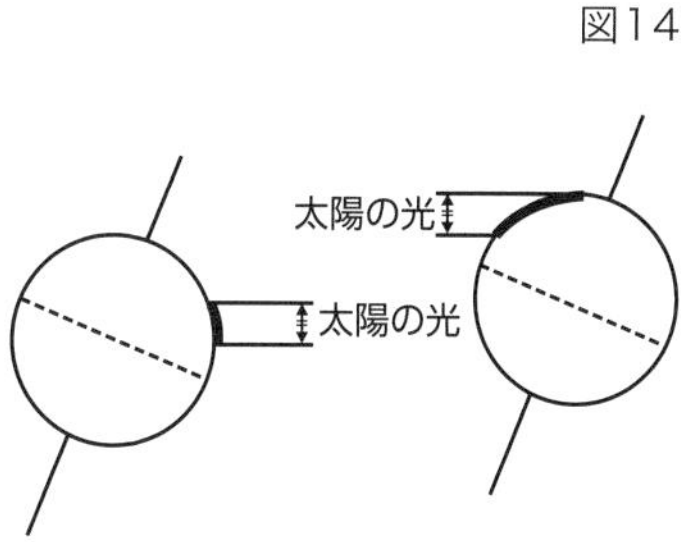

第27節　理科⑨　月の満ち欠け・時差

前節で地球の公転について述べたので、この節では まず、月が地球のまわりを回る公転について述べます。『小学館 はじめての国語辞典』（小学館）の「つき【月】」という見出し語のコラムを見てみます。そこには、「月の一か月」という図があり、地球の北極点の真上から見下ろした、地球と月と太陽の位置関係と、月の満ち欠けが描かれています。「図15」はその略図です。

中学入試の理科の問題で月の満ち欠けについて出る時は、ある時刻のある方角に、どの満ち欠けの状態の月が見えるかが問われることが多いので、「図15」に地球の自転の回転の向きと、地球上の４つの地点での時刻を24時間制で加えた「図16」が役に立ちます。例えばこの図から、18時に南の空に見えるのが上弦の月で、21時に南東に見えるのが満月だと分かります。

図15

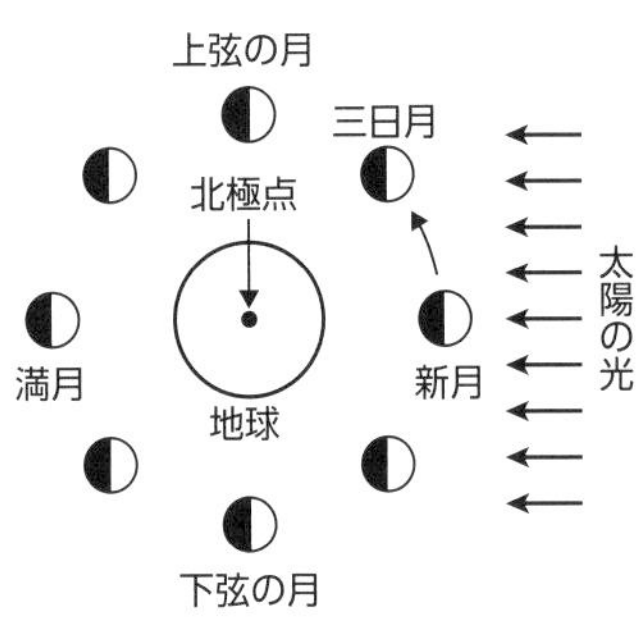

図16

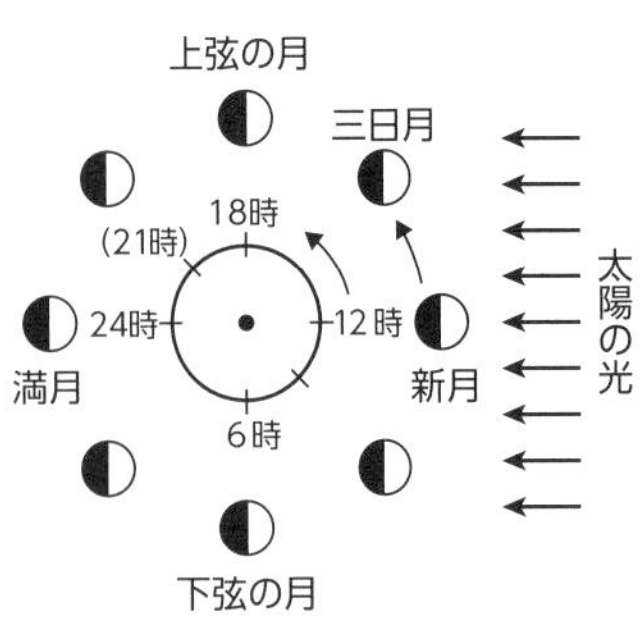

生徒がよく間違えるのが月の見える方角で、これは「図16」そのものの上側を北、下側を南、右側を東、左側を西としてしまうことが原因です。「図16」中の地球上のある地点にいる人から見た方角は、その地点から北極点に向かう方角が北で、その反対が南、その人が北を向いた時の右が東で左が西です。

次に「図16」の地球を元に、時差について述べます。「図17」は、地球上のある地点を基準とし、東向きに地球の円周上を扇形の中心角で15°ぶん進むと時刻が1時間進んでいること、つまり時差があることを示した図です。

いわゆる経度はロンドンを通る経線を基準にして前述の中心角を測ったもので、これが経度0°、そこから東向きに180°までが東経、西向きに180°までが西経と呼ばれます。

ここで、ロンドンでの日時が1月1日の6時である場合を考えます。ロンドンと東経15°の場所の時差を東向きに計算すると、東経15°の場所での日時は1月1日の7時です。

ところが、ロンドンと東経15°の場所の時差を西向きに計算すると、(360－15)÷15＝23で、東経15°の

図17

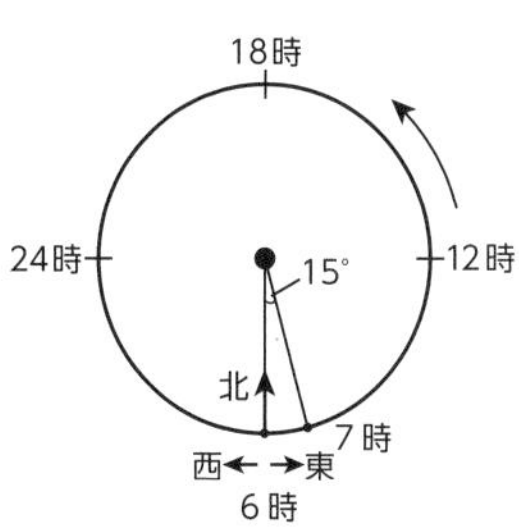

場所での日時がロンドンでの日時より23時間前になるので、12月31日の7時となります。これは前述の1月1日の7時と時刻は同じですが、日付けが前日になってしまっています。

この不都合を解消するために設けられたのが日付変更線で、おおむね西経（東経）180°の経線に沿っています。「図18」は、日付変更線を東から西に越えたら日付けを1日進めるというルールを示したものです。時差や日付変更線は中学入試の理科の問題だけでなく、社会の問題でも出るので、よく理解しておくのがよいです。

図18

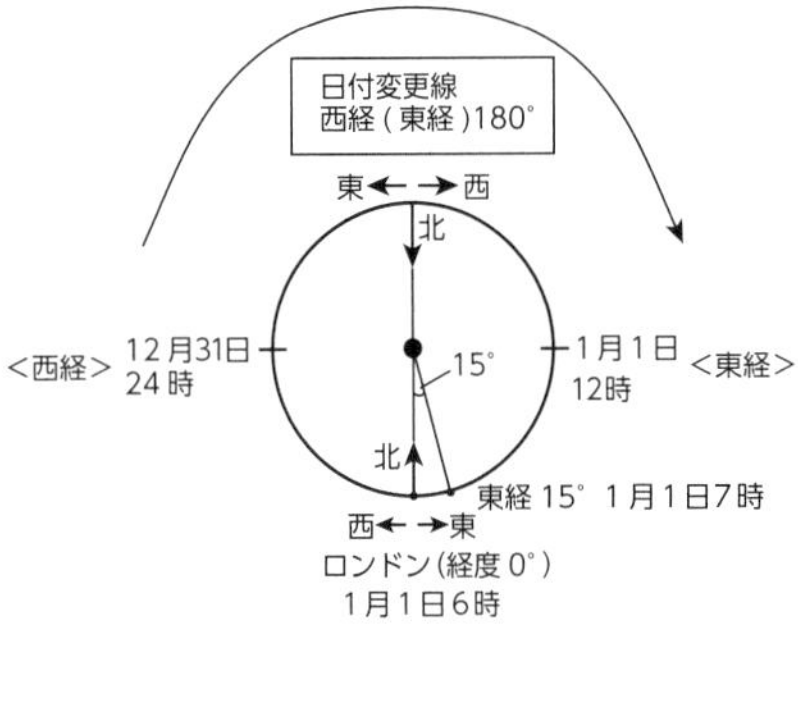

第28節　理科⑩　糸電話

この節でこの章での理科の話を終えますが、最後に糸電話について述べます。糸電話は音の性質と深く関わっていますが、音の性質は中学入試の理科の問題でそれほどは出ません。しかし、中学・高校の理科ではかなり詳しく学びますし、糸電話は音の性質を小学生のお子さんでも簡単に体感できるものですので、ここで述べておきます。

『小学館　はじめての国語辞典』（小学館）の「いとでんわ」「おと」「おんぱ」という見出し語の説明を見てみます。

いとでんわ【糸電話】
長い糸の両方のはしにつつをつけ、一方のつつに口をあてて話すと、もう一方のつつに伝わるおもちゃ。

おと【音】
①物のしん動が空気をつたわって耳に聞こえるひびき。▼「足音。物音」

おんぱ【音波】

音が空気中などをつたわっていくときにおこる波。これが耳のこまくにふれて音として聞こえる。

「おんぱ」という見出し語の説明にある「空気中など」という言葉がポイントです。糸電話は紙コップと糸などで作りますが、音、つまり物の振動は空気だけでなく紙コップと糸も伝わるので、糸電話で話ができるのです。

ちなみに、録音された自分の声が普段聞いている自分の声と違って聞こえるという現象がありますが、この現象の原因にも音が空気以外の物を伝わることが関係していますので、考えてみると面白いと思います。

実際に糸電話を作って話をしてみると、音が物の振動であることが体感できます。紙コップを持っている手に振動が伝わりますし、糸を指でつまむとそこで振動が伝わるのが止まり、声が聞こえなくなります。

ここで、お子さんにぜひ挑戦していただきたいことがあります。それは、糸電話を使って音速を計測することです。

僕も小学生の時、これに挑戦しました。糸電話の相手に、声を出すと同時に手を挙げてもらい、手が挙がってから僕が声を聞くまでの時間をストップウォッチで計り、この時間と糸の長さから音速を計算しようとしたのです。

結果ですが、僕は上手くいきませんでした。音速は秒速340mくらいで、ストップウォッチで短い時間は0・1秒くらいまでなら計れるので、計算上は糸電話の糸の長さが34mくらいあればちょうど音速が測れます。僕も糸をかなり長くしたのですが、糸がたるんで地面についたりしてだめでした。人生で初めて糸の重さを実感したものです。

コラム6　リトマス試験紙など

小学生の生徒に中学入試の理科の問題を教えていると、僕が小学6年生の時に起こった出来事を必ず思い出させる問題に出会います。それは、水溶液の酸性・中性・アルカリ性をリトマス試験紙で判定する問題です。『小学館　はじめての国語辞典』（小学館）の「リトマスしけんし」という見出し語の説明を見てみます。

リトマスしけんし【リトマス試験紙】
酸・アルカリの反応を見る赤と青の紙。酸につけると青は赤くなり、アルカリにつけると赤は青くなる。

お話のポイントは、リトマス試験紙は赤か青の片方しかないと水溶液の酸性・中性・アルカリ性を判定できない可能性があるということです。例えば、赤のリトマス試験紙だけでは、水溶液につけて色が変わらなかった場合、水溶液は酸性か中性ですが、どちらかは判定できません。このことは中学入試の理科の問題でも出ます。また、このような理由から、市販のリトマス試験紙は普通、赤と青が同じ枚数のセットになっています。

小学6年生の僕は学校でリトマス試験紙を使う実験をする時に、自分の班に配られたリトマス試験紙の箱から赤のリトマス試験紙だけを全て隠すという悪戯をしたのでした。この悪戯が先生にばれた時の先生とのやりとりが忘れられません。先生に「お前は何をやっとんや」と言われた僕は、「これがホントの赤色テロ」と返し、これに先生は「赤が無いんやからレッドパージや」と返したのです。

僕は小学6年生でしたが、「赤色テロ」だけでなく、「レッドパージ」も知っていました。これはこの章の「コラム3」で述べたように、僕が小学6年生の時に『新明解国語辞典』（三省堂）を読み通していたからです。ですので、先生の前述の返しの上手さがその時点でよく分かりました。

ちなみに、前著『勉強2』（南々社）で述べた、僕が小学6年生の時に僕の将来の東大入学を予言した先生はこの先生です。当時は僕自身も含め、他の誰もそんなことを考えてなかったのですが……。

水溶液の酸性・中性・アルカリ性を判定する中学入試の理科の問題について補足すると、近年の問題では判定法としてフェノールフタレインはあまり出なくなり、ＢＴＢ液はよく出るようになりました。フェノールフタレインは水溶液がアルカリ性の時だけ赤色に変わるのに対し、ＢＴＢ液は水溶液が酸性の時は黄色、中性の時は緑色、アルカリ性の時は青色に変わります。ＢＴＢ液の方が判定が速く実験で使いやすいことと、問題に出す場合も覚えることが多く入試向きであることが前述の傾向に影響しているようです。

第29節　社会①　日本地図を描く

小学生のお子さんの社会の地理分野の勉強法として、僕が一番お勧めしたいのが、お子さんが実際に日本地図を描くことです。『小学館　はじめての国語辞典』（小学館）の「とどうふけん【都道府県】」という見出し語の説明には、「八つの地方と47の都道府県」という図があります。この日本地図をお手本にして、日本地図を描くのです。注意点は、トレースするのではなく一から描くということです。この章の第7節「算数④」でも述べたように、近年は算数の図を上手く描けない生徒が多いので、これはその練習にもなります。

多くの生徒は、例えば、都道府県の位置を覚える時に、出来合いの白地図に都道府県名を書き込むという方法で行いますが、この方法では、ある都道府県が他のどの都道府県と県境を共有しているかなどがなかなか覚えられません。そしてこのようなことが中学入試の社会の問題では、地図無しで言葉だけで問われたりします。このような問題に答えるためには、頭の中で日本地図をかなり正確にイメージできる必要があり、そのためには日本地図を何度も描き、お手本が無くても描けるようになっておくのが理想的です。

こうして完成した日本地図に、都道府県名を書き込んでいくのですが、ここでも国語辞典を活用するとよいです。例えば、同辞典の「いわてけん」という見出し語の説明を見てみます。

いわてけん【岩手県】
東北地方にある県。広さは北海道についで全国二位。林業やちく産がさかん。県庁は盛岡市にある。

県名以外にもいろいろな情報が書かれていますが、まずは県名に加えて県庁のある市の名前を地図に書き込むのがお勧めです。同辞典で「けんちょう」という見出し語の説明も見てみます。

けんちょう【県庁】
県をおさめるための仕事をする役所。県の中心になる都市におかれている。

特に、岩手県のように、県名と県庁のある都市の名前が違う県、つまり県庁のある都市の名前が岩手市ではないような県は、そのことが中学入試の社会の問題でよく出ます。県庁のある都市の位置を地図帳で調べて、それを自分で描いた地図に書き加えるのもお勧めです。自分で手を動かして行ったことは覚えやすく忘れにくいからです。

都道府県名や県庁のある都市の名前以外のいろいろな情報を自分で描いた地図に書き込む方法については、次節以降で考えてみたいと思います。

第30節　社会②　日本地図に自然環境を書き込む

国語辞典を利用して、都道府県名や県庁のある都市名の他にも、いろいろな情報を地図に書き込むことができます。後の節で述べるように、これらの情報をどのように書き込んで整理していくかを考えること自体が地理のよい勉強になりますが、ここではまず、自然環境についての情報を日本地図に書き込むことを考えてみます。自然環境はそこに住む人々の生活様式や産業に大きな影響を与えるからです。

多くの小学生向けの国語辞典には、日本で一番高い山、日本で一番長い川、日本で一番広い湖などが見出し語として載っています。ここでは、『小学館 はじめての国語辞典』（小学館）の「ふじさん」「びわこ」という見出し語の説明を見てみます。

ふじさん【富士山】
静岡県と山梨県のさかいにある日本一高い山。高さ三七七六メートル。形の美しいことで世界に名高い。

びわこ【琵琶湖】
滋賀県にある日本一大きな湖。水道や工業用水などに利用される。景色が美しく、近江八景などの名所がある。

どちらの見出し語の説明も全てが中学入試の社会の問題で出ます。これらの自然環境についての情報を日本地図に書き込む時に、ぜひお子さんに行っていただきたいのが、これらの自然環境がその地方に住む人の生活様式や産業にどのような影響を与えるかを、自分なりにさらに考えてみることの積み重ねです。

例えば富士山の場合、その形が美しいことで世界に名高いのであれば、観光業の資源として活用されそうだと考えることができると思います。この点について実際に調べてみると、富士山が世界文化遺産に登録されていることが分かります。

ちなみにここで、富士山は自然環境なのに世界自然遺産ではなく世界文化遺産に登録されているのはなぜなのかと疑問を持てば、日本史の勉強と合わせてより富士山についての理解が深まります。

僕がここで強調したいのが、前述のようにお子さんがまず自分で何かを考えてからそれについて調べるという習慣が勉強にとってとても大切だということです。そして、その際にお子さんが考えたことが間違っていたとしても全く問題ありません。これらのことはこの章の第19節「理科①」でも述べたことで、教科の違いを越えて通用します。

第31節　社会③　日本地図に産業を書き込む

この節では、お子さんが描いた日本地図に、国語辞典を利用して各都道府県の産業を書き込むことについて述べます。

これを行う時は、お子さんが現在住んでいる都道府県や行ったことのある都道府県などから始めると、お子さんが自分自身との関わりを考えながら行えるのでやりやすいです。またこのことは、後述する、他の都道府県の産業を覚える時のコツにもなります。

僕の場合、生まれ育ったのが大阪府で、現在は広島県に住んでいますので、『小学館 はじめての国語辞典』（小学館）の「おおさかふ」「ひろしまけん」という見出し語を見てみます。

おおさかふ【大阪府】
近畿地方にある府。商業・工業ともさかんで、西日本経済の中心となっている。府庁は大阪市にある。

ひろしまけん【広島県】
中国地方にある県。養しょくカキの産地。工業もさかん。日本三景の一つ厳島がある。県庁

のある広島市には一九四五（昭和二十）年八月六日、世界最初の原ばくがおとされた。

大阪の商業・工業は具体的な説明がないので僕自身との関わりで補います。僕は大阪で唯一の村である千早赤阪村で育ちましたが、この村は日本史に登場する楠木正成ゆかりの地で、これに関連する史跡などが多く、これらを活用した観光業があります。広島県の産業に関しても僕自身との関わりで補うと、プロ野球の広島東洋カープの人気が高く、これを中心としたサービス業もさかんです。

このように、日本地図に産業を書き込む時に自分が住んでいる都道府県などから始め、自分自身との関わりを考えながら行うようにすると、他の都道府県の産業も覚えやすくなってきます。例えば、同辞典で僕が行ったことのない新潟県の説明を見てみます。

にいがたけん【新潟県】
中部地方にある県。冬は雪が多い。米作りがさかん。石油・天然ガスもとれる。県庁は新潟市にある。

新潟県で作られている米と広島に住んでいる僕の関わりを考えると、新潟県産のブランド米の1つであるコシヒカリをよく食べているということがあります。このように自分とつながりのついた他の県の産業は簡単には忘れません。

ちなみに、新潟県で石油・天然ガスがとれることは、石油・天然ガスがほとんどとれない日本にあっては珍しい例ですので、中学入試の社会の問題でもわりと出ます。

第32節　社会④　日本地図の情報を整理する

日本地図に国語辞典を活用して情報を書き込んでいくと地図が見づらくなってくるので、情報を整理する必要があります。この整理法に唯一の正解はなく、お子さんが自分なりに考えて自分が分かりやすい日本地図になればそれでよいです。この整理法の例をいくつか挙げてみます。

この章の第29節「社会①」で、『小学館　はじめての国語辞典』（小学館）の次の記述を見ました。

いわてけん【岩手県】
東北地方にある県。広さは北海道についで全国二位。林業やちくく産がさかん。県庁は盛岡市にある。

北海道の広さが全国1位、岩手県が全国2位という情報は日本地図に書き込むより、日本地図の近くに表を書く方がよいです。

他の整理法として、何枚かの日本地図に情報を分けるというものもあります。ただしこの場合でも、関連の強い情報は1枚の日本地図にまとめるのがよいです。この章の第31節「社会③」で同辞典の次の記述を見ました。

にいがたけん【新潟県】

中部地方にある県。冬は雪が多い。米作りがさかん。石油・天然ガスもとれる。県庁は新潟市にある。

新潟県で米作りがさかんな場所を調べると、信濃川によってできた越後平野であることが分かり、そのような場所に人口の多い新潟市があることが分かります。他の多くの都道府県でも同じことが言えるので、河川名、平野名、米作り、県庁のある都市の名前は都道府県ごとに1枚の日本地図にまとめるのが分かりやすいです。

このような日本地図とは別に日本地図をもう1枚用意して情報を分けるのがよい例として、世界遺産の情報をまとめる場合などがあります。この章の第30節「社会②」、第31節「社会③」のそれぞれで同辞典の次の記述を見ました。

ふじさん【富士山】

静岡県と山梨県のさかいにある日本一高い山。高さ三七七六メートル。形の美しいことで世界に名高い。

ひろしまけん【広島県】
中国地方にある県。養しょくカキの産地。工業もさかん。日本三景の一つ厳島がある。県庁のある広島市には一九四五（昭和二十）年八月六日、世界最初の原ばくがおとされた。

富士山、厳島、原爆ドームが世界文化遺産であることを調べられたら、世界遺産だけをまとめた日本地図があると分かりやすいです。

第33節　社会⑤　日本史の年表を作る

小学生のお子さんが社会の日本史を勉強する時に僕がお勧めする方法として、お子さんが国語辞典を活用して日本史の年表を自分で作るというものがあります。『小学館 はじめての国語辞典』（小学館）の「じょうもんじだい」「やよいじだい」という見出し語の説明を見てみます。

じょうもんじだい【縄文時代】
やく一万二千年前からやく二千四百年前にかけての時代。なわのもようのある縄文土器をつかっていた。

やよいじだい【弥生時代】
縄文時代につづく、紀元前三百年ごろから紀元後三百年ごろまでの時代。弥生土器がつかわれ、稲作が行われるようになった。

各時代の順序が分かるように説明されているので、国語辞典を読んでいくうちに日本史の年表ができていきます。

国語辞典には他にも日本史の各時代に関わる見出し語が登場するので、これらも年表に書き加えていくとよいです。例えば同辞典の「しょいんづくり」「しんれき」という見出し語の説明を見てみます。

しょいんづくり【書院造り】
玄関・床の間・ふすま・雨戸などがある家のたて方で、今の日本のすまいのもとになった。室町時代にはじまり、桃山時代に完成した。

しんれき【新暦】
現在使われている、太陽の動きをもとにしたこよみ。太陽暦。日本では、明治六年から使われはじめた。↕旧暦。陰暦。太陰暦。

先に見た弥生時代の稲作もそうですが、書院造りや新暦など、現在も存続している物事が最初にいつ始まったかを考えてみるのは面白く、これを調べるのはお子さんの自由研究などのよいテーマになります。このことは歴史学の中で社会史と呼ばれる、庶民の生活文化の歴史を研究する分野と関わりが深く、第3章で再び触れます。

　中学入試の社会の日本史の問題を解くために、さらに日本史の年表に加えておきたいのが、各時代の事物の写真や図です。中学入試、また日本史に限らず、近年の入試の社会では写真や図を見て、それらが示している事物が何か、あるいはそれらの事物がいつの時代のものかが分からないと解けない問題が増えているからです。なお、これまで何度か述べましたが、写真で見た事物をお子さんが自分で描いたものを写真の代わりにするのもお勧めです。

第34節　社会⑥　日本史の年表を解体し、再構成する

中学入試の社会の日本史の問題を解くための勉強法として、前節で述べたような日本史の年表が一通り完成した後にお子さんが楽しく行えるのが、日本史の年表の解体と再構成です。日本史の年表の解体と再構成は、お子さんの学習段階や興味に応じて、いろいろなパターンがあります。ここではそのいくつかの例を挙げてみます。

最もよく行われる日本史の年表の解体と再構成のパターンは、各時代名をバラバラにし、それらを昔から現在まで正しい順序に並べるというものです。各時代名を1つずつ1枚のカードに書いたカードセットを作っておけば、何度でも繰り返して各時代名の順序を覚えることができます。

これと似たパターンですが、各時代の人物、事物、出来事をバラバラにし、時代順に並べられるかというものもあります。前節で述べたように、事物については言葉ではなくお子さんが自分で描いた図を使って行うのもよいです。

やや難易度が高いパターンとしては、ある時代の人物、事物、出来事をバラバラにし、それらを使ってその時代の概要をストーリーとして話したり、文章で書いたりできるかというものがあります。『小学館　はじめての国語辞典』（小学館）の「あすかじだい」「ほうりゅう

じ」という見出し語を見てみます。

あすかじだい【飛鳥時代】
七世紀ごろ、今の奈良県飛鳥地方に都があった時代。仏教が中国からつたわった。

ほうりゅうじ【法隆寺】
奈良県にある寺で、七世紀のはじめごろ聖徳太子がたてたもの。木のたてものとしては世界でいちばん古い。世界遺産。

このパターンの学習効果を高めるコツは、ある時代の人物、事物、出来事などをあえて少なめに使うことです。例えば右の例なら、「飛鳥時代」「仏教」「中国」「法隆寺」「聖徳太子」「世界遺産」などと使ってしまうと、これらをどうシャッフルしてもストーリーを再構成できてしまいます。そこで、あえて「飛鳥時代」「中国」「聖徳太子」「世界遺産」くらいを使うにとどめ、これらをシャッフルすると、ストーリーの再構成のためには自分で足りない言葉を補う必要がでてきます。このパターンは、中学入試だけでなく高校入試、大学入試の記述問題を解くための勉強法としてずっと使うことができます。

第35節　社会⑦　日本国憲法

この節で、この章での社会についての話を終えますが、最後に社会の政治・経済分野の話題として、日本国憲法について述べます。中学入試の社会の政治・経済の問題でも日本国憲法に関することがよく出ます。

『小学館　はじめての国語辞典』(小学館)の「にほんこくけんぽう」「けんぽう」という見出し語を見てみます。

にほんこくけんぽう【日本国憲法】
一九四六(昭和二十一)年十一月三日に発表し、よく年五月三日から行われた憲法。政治にくわわる権利が国民にあることや、戦争をしないこと、一人一人の権利を重んじることなどがきめられている。

けんぽう【憲法】
国のきまりの大もとになる法律。▼「日本国憲法」

憲法を単純に法律と言ってしまうことは、立憲主義という重要な概念を理解しづらくすることがありますが、このことは第3章で三権分立の概念と共に詳しく述べます。ここでは日本国憲法の三大原則である、国民主権・平和主義・基本的人権の尊重について述べます。先ほど見た日本国憲法の説明に登場した、「政治にくわわる権利が国民にあること」が国民主権に、「戦争をしないこと」が平和主義に、「一人一人の権利を重んじること」が基本的人権の尊重に相当するでしょう。

お子さんが日本国憲法の三大原則を学ぶ時は、日本史で学ぶ大日本帝国憲法や太平洋戦争との関係を押さえることが大切です。日本国憲法の成立事情には学者の間でもさまざまな議論があります。

大筋としては、太平洋戦争で日本と戦ったアメリカが、日本が太平洋戦争を始めた原因は大日本帝国憲法にあると考え、これを日本国憲法に変えることで、日本が再び太平洋戦争のような戦争を起こせないようにしたという理解になります。ですから、大日本帝国憲法の天皇主権を国民主権に、天皇の臣民としての権利を基本的人権に変えたわけです。

平和主義に関しては、現在もそうですが、日本国憲法が作られた当時も、他の国の憲法と比べるとかなり特殊な原則でした。これに関しては、マッカーサーの個人的な理想や思惑が背景にあったという説があります。

　また当時は、アメリカと共に太平洋戦争・第二次世界大戦を戦った他の国々に、昭和天皇の戦争責任を問う国がありました。それに対してアメリカが、日本の占領を円滑に進めるために昭和天皇の戦争責任を問わず、天皇制そのものも存続させるために、それらの国々に、平和主義を交換条件としたという説もあります。

コラム7　促成栽培

中学入試の社会の地理の問題で促成栽培という言葉が出ますが、これはとても多くのことが学べる言葉だと思います。『小学館　はじめての国語辞典』（小学館）の「そくせいさいばい」という見出し語を見てみます。

そくせいさいばい【促成栽培】
温室やビニールハウスなどで、やさいや果物をふつうよりはやくそだてること。

具体例として中学入試の地理の問題でよく出るのは宮崎県のきゅうりなどです。この栽培法はまず、理科で学ぶ、植物の種子の発芽の条件である、空気・水・適切な温度のことを思い出させてくれます。

また、なぜ普通より早く育てるのかということを考えると、市場にその野菜や果物がまだ出回っていない時に売る方が高く売れるという、中学・高校の社会の政治・経済で学ぶ、市場における価格決定の仕組みの基本も知ることができます。

中学入試の社会の地理の問題では、促成栽培の反対語である抑制栽培も出ます。これは野菜などを普通より遅く育てることで、具体例としてよく出るのは長野県のレタスなどです。

ここではさらに、促成栽培と抑制栽培という反対語と国語との関係についても考えてみます。僕は小学5年生の時に塾でこれらの言葉を習った際、違和感を覚えました。僕の国語的な語感では抑制の反対語は促進であって、促成ではなかったからです。当時、塾の先生や周りの他の大人に聞いてみても、皆、僕と同じ意見でした。

このことから僕は、なぜ社会という教科では促進栽培ではなく促成栽培というのかを考えてみました。僕が考えたのは、促成という言葉が植物に限って使われる一方で、抑制という言葉は植物に限って使われるわけではないことから、歴史的には最初は促成栽培だけが行われていたのではないかということです。そのため、後になって促成栽培と逆のことをするようになった時に、促成という言葉と同じ長さの歴史を持つ反対語がなく、代わりに抑制という言葉があてられたのではないか……。

実は、僕は未だにこの問いに対する正解を知りません。この本でも何度か述べましたが、僕は正解を知ることより自分で考えることが大切だと思っているので、これで構わないのです。というより、正解を知ってしまうと、これ以上この問題について考える楽しみがなくなるので、正解をご存じの読者の方は僕にお知らせいただくのはご遠慮ください。

中学・高校でも役に立つ**発展編**

第3章

国語辞典で読んだことを後の勉強・人生に活かす

第1節　英語①　英単語をさらに覚える

第2章で、国語辞典の見出し語として登場する外来語から元の英語を覚える方法を述べましたが、ここでは国語辞典を活用して英単語をさらに覚えていく方法を2つご紹介します。

1つ目の方法は国語辞典の見出し語として登場する外来語の元の英語に加え、それと関連する英語も覚える方法です。『小学館　はじめての国語辞典』（小学館）の「オーナー」「トラクター」という見出し語を見てみます。

オーナー
持ち主。▼「船のオーナー」

トラクター
①重い物や大きい物を引っぱってはこぶ自動車。

元の英語を確認するために、『新明解国語辞典　第八版』（三省堂）で同じ見出し語を見てみると、それぞれ「owner」「tractor」という英語が書かれています。「〜する」という意味の英単語の末尾に「-er」や「-or」をつけると、「～する人」「～する物」という意味になるので、先ほど見た見出し語の説明から、「own」が「～を持つ、所有する」、「tract」が「～を引っぱる」という意味の英単語であることが分かると思います。

2つ目の方法は、国語辞典の見出し語として登場する英語の略語を活用するものです。『小学館 はじめての国語辞典』の「ピーアール」という見出し語を見てみます。

ピーアール【PR】
仕事や事業、商品の内容などをいっぱんの人々にわかってもらうための広告。広報。

元の英語を確認するために、『新明解国語辞典 第八版』で同じ見出し語を見てみると、「public relation」という英語が書かれています。それぞれの英単語の意味が気になる場合は、初級の英和辞典で確認するとよいです。『ベーシックジーニアス英和辞典 第2版』（大修館書店）で確認してみると、「public」は「一般の人々の」という意味で、「relation」は「関係」という意味だと分かります。このうち前者の意味は、『新明解国語辞典 第八版』の見出し語の説明にも登場しています。

ここでご紹介した2つの方法に共通するよい点は、お子さんは外来語や英語の略語の意味はすでに知っていることが多いため、英単語を覚える時に、英語としての発音や綴りなどを覚えることだけに集中できるということです。これについては後出の「コラム8」で詳しく述べます。

第2節　英語②　英語の歴史

第2章の第3節「英語③」で、英語がフランス語をそのまま取り入れていることが多いということを述べましたが、これには英語の歴史が関係しています。

ここでは英語の歴史について大まかにまとめてみます。お子さんが英語の歴史を知ることは、英語の勉強だけでなく、後出の、中学・高校で学ぶ世界地理や世界史の勉強にも大変役立ちます。

英語はゲルマン語（現在のドイツ語やオランダ語などの元になった言語）に、ラテン語（現在のイタリア語やフランス語などの元になった言語）やギリシャ語が加わってできてきた言語です。ですから、英語にはまず、ラテン語とギリシャ語を取り入れた言葉があります。

『小学館 はじめての国語辞典』（小学館）の「センチ」「ユートピア」という見出し語の元の言語を『新明解国語辞典 第八版』（三省堂）で確認してみると、それぞれラテン語、ギリシャ語と書かれており、これらの言葉は『ベーシックジーニアス英和辞典 第2版』（大修館書店）にも載っています。

英語は特に、ラテン語を元にしたフランス語の多くの言葉をそのまま取り入れていますが、これは中学・高校の世界史で学ぶノルマン＝コンクェスト（北フランスの領主がイングランドを征服して王となった出来事）のためです。

『小学館 はじめての国語辞典』の「バゲット」「バレエ」という見出し語の元の言語を『新明解国語辞典 第八版』で確認してみると、どちらもフランス語と書かれており、これらは『ベーシックジーニアス英和辞典 第2版』にも載っています。

注意すべきは、英語にフランス語の言葉をそのまま取り入れた言葉は、ゲルマン語を元にした英語の言葉と綴り方や発音がかなり異なるということです。

その後、イギリスが他の国に先駆けて産業革命を成し遂げ、世界帝国となる過程で、英語はイギリスの各植民地に広がりました。中でもいろいろな意味で重要なのがアメリカですが、アメリカの英語はイギリスの英語と同じ単語でも発音が異なったり、同じ物を表すのに単語が異なったりといったことが多く見られます。

例えば、『小学館 はじめての国語辞典』の「アパート」という見出し語を『新明解国語辞典 第八版』でも見てみると、アメリカ英語の「apartment house」が元だと書いてあるので、『ベーシックジーニアス英和辞典 第2版』に付いている和英辞典で「アパート」という見出し語を見てみると、イギリス英語では「flat」と言うと書いてあるなどです。

このように、小学生向けの国語辞典を読み通す中でカタカナや外来語に出会った時は、第2章第1節などで述べた「辞典のリレー」をして、英単語やその歴史に触れてみてください。

コラム8　バイリンガル読書

前節で、お子さんがある英単語を覚える際に、それを日本語に取り入れた外来語によって、すでにその意味を知っている場合、その発音や綴り方だけを覚えることに集中できて覚えやすいということを述べました。このことは、英単語についてだけでなく、英語の文や文章についても言え、文法などを覚えることにも応用できます。

僕が生徒の英語の個別指導で行うのが、僕が「バイリンガル読書」と呼んでいる方法です。小学校低学年の生徒であれば、『はらぺこあおむし』『スイミー』『ふたりはともだち』などの元の英語版の音読と書写を生徒と一緒にします。

これらの絵本、特に『スイミー』と『ふたりはともだち』は、学校の国語の教科書で学ぶことが多く、生徒はすでに日本語で読んだことがあります。ですから、英語版を読んでも英語の文や文章の意味は分かり、英語の文法などを覚えて行くことに集中できます。さらに、それを通じて、日本語と英語の物事の捉え方の違いも身についていきます。

僕の経験では、英語を初めて学ぶ生徒で、月2時間の個別指導を半年間から1年間くらい行うと、前述の3冊が修了し、その後に英検5級と4級の過去問の個別指導を合計で10時間くらい行うと、ほとんどの生徒がどちらの級も合格します。

小学校高学年の生徒の「バイリンガル読書」では、芥川龍之介、宮沢賢治、新美南吉などの代表的な作品の英訳版や、日本の歴史を英語で紹介した本を使います。いずれも、生徒が国語や社会の授業ですでに日本語で学んでいるので、英語の文や文章の意味はだいたい分かります。

小学校低学年の生徒の場合と違うのは、元は日本語だった作品を英語にしたものを読むので、日本独特の物事が英語でどのように表現されているかを知ることができることです。これは高校入試・大学入試の英作文の問題の対策にもつながります。高校入試・大学入試の英作文の問題では、日本の伝統文化などについて外国人に分かるように説明するというものがよく出るからです。

ちなみに、生徒が中学生・高校生になると、「バイリンガル読書」で使う本も生徒の好みや目標に応じて多様化してきます。僕が個別指導でこれまで使った本の例をいくつか挙げると、漫画『ドラゴンボール』『バガボンド』『BLEACH』の英訳版、村上春樹の作品の英訳版、村上春樹の英語作品、『源氏物語』の英訳版などがあります。特に日本語の漫画の英訳版を使った時は、生徒が登場人物の名台詞を英語で真似するなど、楽しく英語を勉強することができました。

第3節　数学①　負の数・整数・有理数

お子さんが中学生になると、算数だけ「数学」と呼び方が変わります。呼び方が変わるというよりは、算数で学んだことを使って数学という新しいことを学ぶという方が正確かもしれません。

算数と数学の違いについての僕の考えは後の節で述べますが、この節ではその準備として、数学の中でも算数に近い、負の数・整数・有理数について述べます。

負の数とは0より小さい数のことで、数学では中学生で学びますが、理科や社会などではすでに小学生の時に学んでいます。それは温度計でのマイナスの温度です。『小学館　はじめての国語辞典』（小学館）の「ひょうてんか」という見出し語の説明を見てみます。

ひょうてんか【氷点下】
セ氏0度以下。▼「氷点下五度」

この説明で例として挙げられている氷点下五度を－5℃（マイナス5℃）と書き換え、温度の単位を取り除くと－5という負の数になります。

負の数を学ぶと、0より大きい数は正の数と呼ぶようになります。0は正の数でも負の数でもありません。そして自然数（1、2、3、…）、それらにマイナスを付けた数、0の総称が整数で、「整数／整数」という分数で表せる数が有理数です。ここでの注意点は、分数の分母は0にできないということです。

中学生ではまず有理数の加法、減法、乗法、除法を学びますが、慣れるまでは温度計をイメージして行えばよいと思います。実際、数学では温度計の温度の＋側が右側に、－側が左側に来るように温度計を水平に倒して数だけを読むようにした感じの、数直線と呼ばれるものを使いますので。

有理数の四則演算のうち、生徒が特につまずきやすく、質問も多いのが、乗法で負の数と負の数を掛けると正の数になるということです。

前述のように温度計をイメージして直感的に理解する場合は、温度が1分間に1℃ずつ下がっていく状況などを考えればよいと思います。ある時点から5分後の温度は5℃下がるわけですから、数式では－1×5＝－5となるはずです。逆に、ある時点から5分前の温度は5℃上がるわけですから、数式では－1×（－5）＝5となるはずです。

負の数と負の数を掛けると正の数になることを数学的に厳密に証明する際は、いくつかの公理（何らかの議論を始める前に、証明なしで正しいと認めることにした何らかの主張）からスタートし、まず0と自然数を使えるようにし、次にそれらの加法と乗法を行えるようにし、そこから負の数を使えるようにし……という流れの中で証明するのが普通です。この証明は本のページ数にすれば1ページくらいですが、僕の経験では、理系の大学生でも理解できない人はわりといます。

第4節　数学②　相似、ピタゴラスの定理、無理数

小学生の算数で相似形というものを学びます。『小学館　はじめての国語辞典』（小学館）の「そうじけい」という見出し語の説明を見てみます。

そうじけい【相似形】
大きさはちがうが、形は同じ図形。

この説明には［相似形］という図もついていて、大小2つの同じ形の台形が描かれています。簡単に言えば、相似形とは元の形の大きさを何倍かに拡大あるいは縮小したもので、元の形が多角形であれば、辺の長さを何倍したかに注目します。

ここでは相似形を使って、中学生の数学で学ぶピタゴラスの定理を証明してみます。

「図19」は、斜辺の長さがa、他の2辺の長さがそれぞれb、cの直角三角形と、それを元の形として辺の長さをa倍した相似形①を示したものです（元の形が拡大された場合を描いていますが、縮小された場合でも証明に影響はありません）。また、「図20」は、「図19」の元の形の辺の長さをb倍した相似形②と、「図19」の元の形の辺の長さをc倍した相似形③

図19

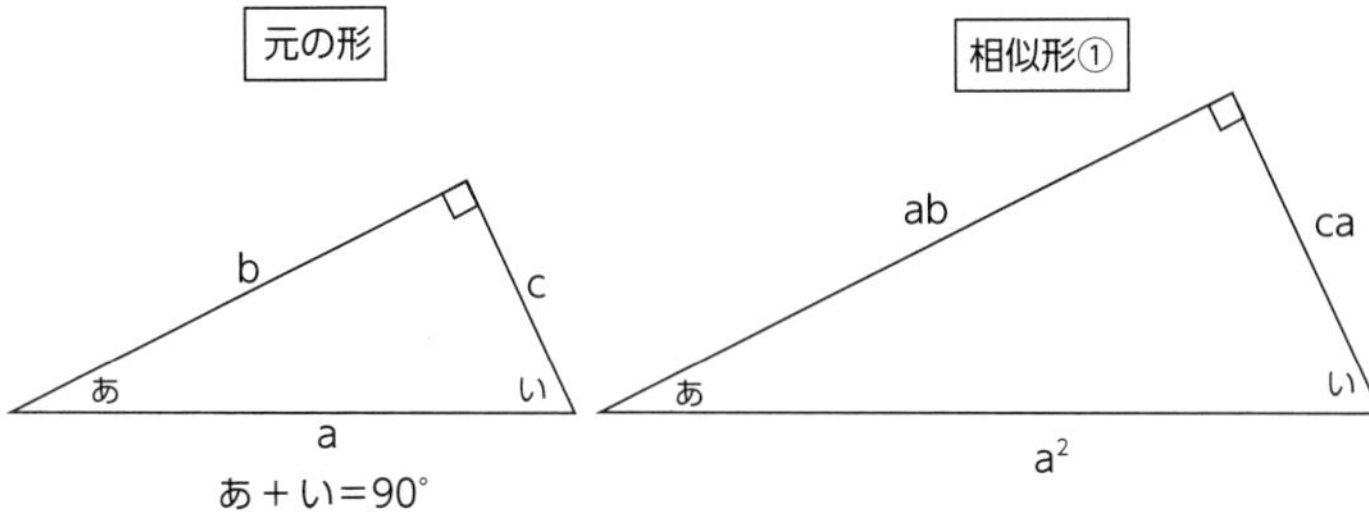

図20

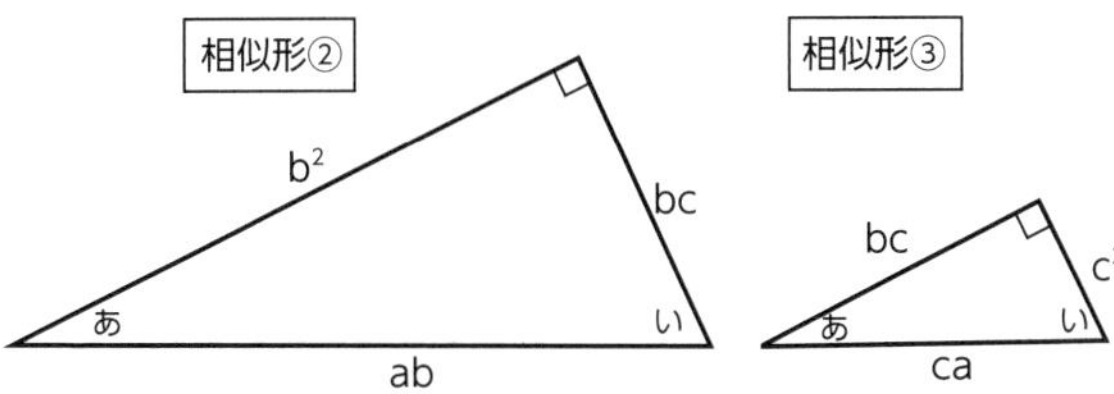

図21

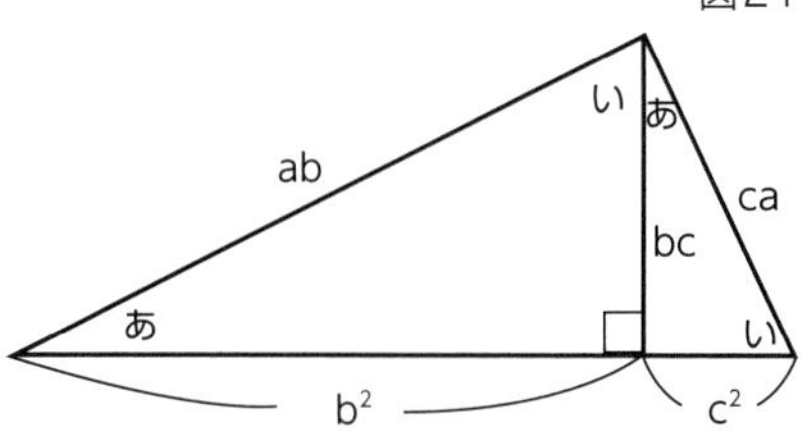

い＋あ＝90°で、この三角形は相似形①と合同
よって　$b^2+c^2=a^2$
元の形でこの等式が成り立つということが
ピタゴラスの定理

を示したものです。そして「図21」は、相似形②と相似形③を、長さがｂｃで等しい辺同士をくっつけて合わせた形です。すると「図21」での説明の通り、ピタゴラスの定理が成り立つことが分かります。

ちなみに、ピタゴラスの定理は、現在知られている数学の定理の中で最も証明法の数が多い定理で、３６７通りの証明法を載せている本もあります。僕が知っている証明法はたった３つで、前述の証明法以外の２つは中学生の数学で必ず学びますが、これらの中では前述の証明法が最も小学生の生徒にとって分かりやすく、かつ、中学・高校の数学でも応用が利くと思います。

さて、このピタゴラスの定理がきっかけとなって、その後の数学にとって非常に重要なことが分かりました。ピタゴラスの定理を、斜辺以外の２辺の長さがどちらも１の直角二等辺三角形に適用すると、斜辺の長さは現在の数学で$\sqrt{2}$と表記されるものになりますが、この数は前節で述べた有理数ではないことが証明されたのです。

この証明自体は中学・高校の数学で背理法という証明法とともに必ず学びますので、ここでは触れません。有理数でない数を無理数と呼び、有理数と無理数を合わせて実数と呼びますが、この実数というものの性質が、その後の数学を大きく発展させ、また、大きな問題にもなりました。このあたりのことについては次の節で触れます。

第5節　数学③　瞬間・無限・実数

この節では、この章の第3節「数学①」で触れた算数と数学の違いについて僕の考えを述べます。数学は算数より抽象的だと言われますが、僕は数学の抽象性の大部分は、数学が無限という概念を扱うことが原因だと思います。このことを物の移動を例に述べます。

算数で物の移動について考える時は、速さも移動の向きも一定の場合について考えるのが普通ですが、数学では速さと移動の向きが変わる場合も考えます。

「図22」の左側のグラフが算数での例で、右側のグラフが数学での例です。算数でのグラフを見ると、速さ(単位時間当たりの移動距離)さえ計算できれば満足できますが、数学でのグラフを見ると、その瞬間その瞬間の速さと移動の向きを知りたくなり、ここに瞬間という概念が現れます。

『小学館 はじめての国語辞典』(小学館)の「しゅんかん」という見出し語を見てみます。

図22

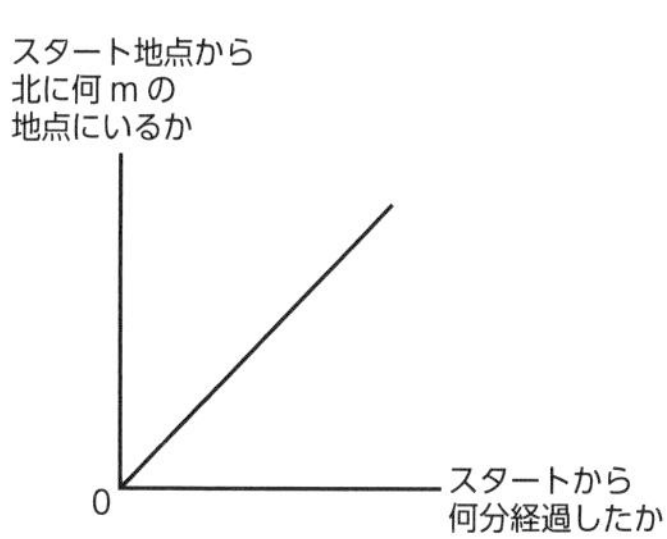

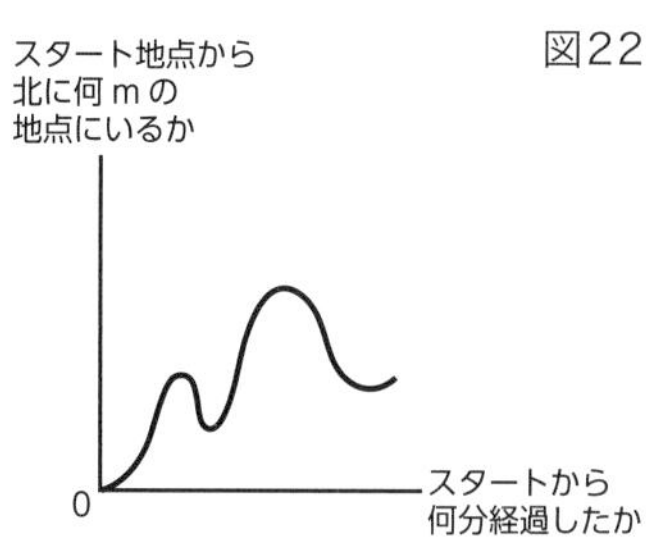

しゅんかん【瞬間】まばたきする間。ひじょうにわずかな時間。

この、「ひじょうにわずかな時間」を、数学では、ある時点を数直線上のある数として表して、「数直線上のある数へと、他の数からどんどん近づいて行く際に、どんどん短くなっていく2つの数の間の長さ」と考えます（図23）。ただし、この2つの数の間の長さは0にはしません。これを0にしてしまうと、数直線上のある数そのものを指してしまうことになるからです。ここでは、「どんどん近づいて行く」という言葉がポイントで、これは、無限という概念を含み、かつ、「近づこうと思えば好きなだけ近づける」ということを前提にしています。

ここで、この章の第3節「数学①」で述べた有理数について考えます。有理数とは、「整数／整数」という分数で表せる数のことで（ただし、分母は0ではない）、「図24」が示すように、数直線上の2つの異なる有理数の間には、その間がどんなに短くても、無限の個数の有理数があります。

しかし、これだけでは数直線上のある数から他の数へと「どんどん近づいて行く」ことはできません。前節で述べた無理数があるからです。イメージとしては、数直線上に無限の個数ある有理数の部分は歩けても、無理数のところに穴が空いていて、数直線上のある数から他の数へとどんどん近づいて行く際に穴のところで行き止まりになります。ですから、数直線上のある数から他の数へと「近づこうと思えば好きなだけ近づける」には、数直線上に有理数と無理数を合わせた実数が無限の個数なければなりません。

「数直線上のある数から他の数へと、近づこうと思えば好きなだけ近づける」ことを「実数の連続性」といい、大学の理工学系学部では必ずその証明法を学びます。僕は生徒が大学の理工学系学部に進学希望の場合、この証明は生徒が中学生でも教えます。ちなみに僕が教える証明法は、有理数のコーシー列により実数の完備性から連続性を導く方法です。

図23

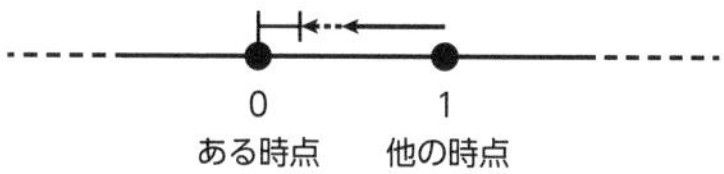

図24

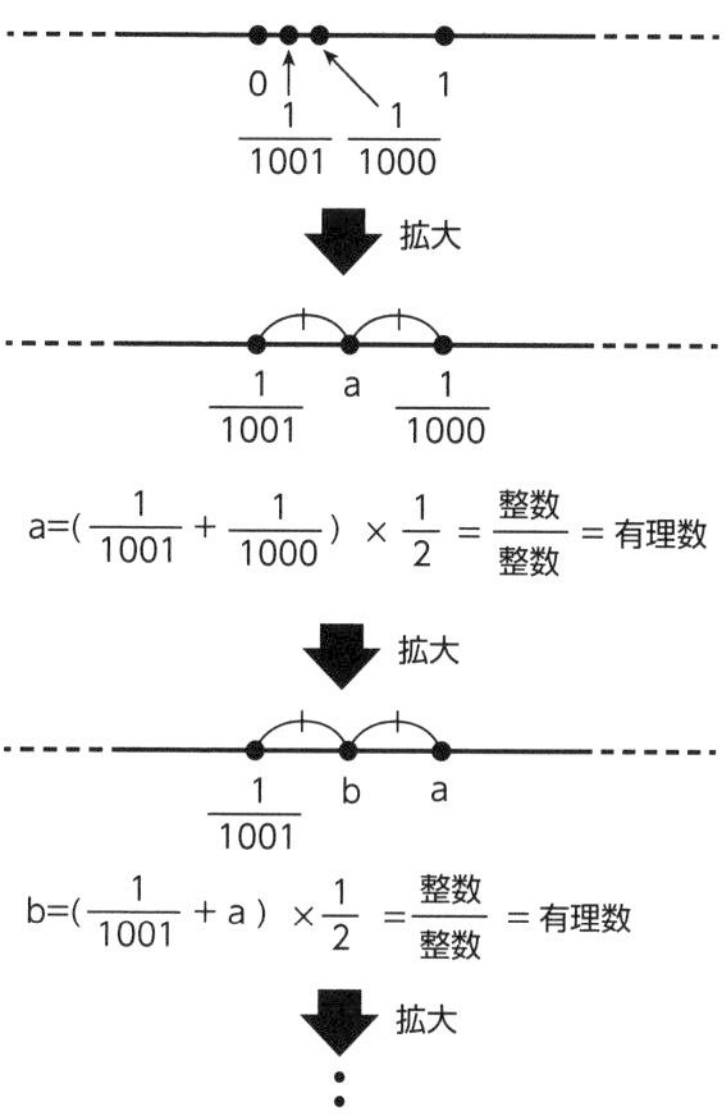

第6節　数学④　無限の大小

前節で、数直線上に「有理数が無限の個数あるのに」、それだけでは「足りず」、数直線上には「実数が無限の個数なくてはならない」といったことを述べましたが、この節ではこれについてもう少し述べます。

『小学館 はじめての国語辞典』（小学館）の「むげん」という見出し語の説明を見てみます。

むげん【無限】
どこまでも限りのないこと。▼「無限に広がる空」↕有限。

反対語に有限とありますが、有限と無限で共通することもあります。同辞典で「いすとり」という見出し語の説明を見てみます。

いすとり【いす取り】
ゲームの一種。人数よりすくないいすをおき、合図にあわせていすを取りあう。

椅子取りで全ての椅子に人が座っている時、1人は椅子に座れない人がいます。この光景を見ると、「椅子より人の方が多い」と判断できます。ポイントは、椅子や人を「数えなくても」、そう判断できることです。同様に、全ての椅子に人が座っている時、椅子に座れない人がいなければ、椅子や人を「数えなくても」、「椅子と人の数は同じ」と判断できます。数学ではこれを、椅子と人が「1対1対応」するといい、椅子と人が1対1対応しないなら、どちらかが多いのです。

1対1対応は無限を考えるのに役立ちます。有理数のように無限の個数がある場合でも、それらを数えることなく、無限の個数ある他の物との、個数の大小関係を判断できるからです。

「図25」は、自然数が無限の個数あり、自然数の一部である偶数も無限の個数あり、両者が1対1対応し、個数の大小関係が等しいことを示します。この、「全体とその一部の大小関係が等しくなることがある」ことが、有限と決定的に異なる無限の性質です。

1対1対応を使って、実数が無限の個数あることを示します。「図26」は、線分ABとその一部である線分ACで作った三角形です。「図

図25

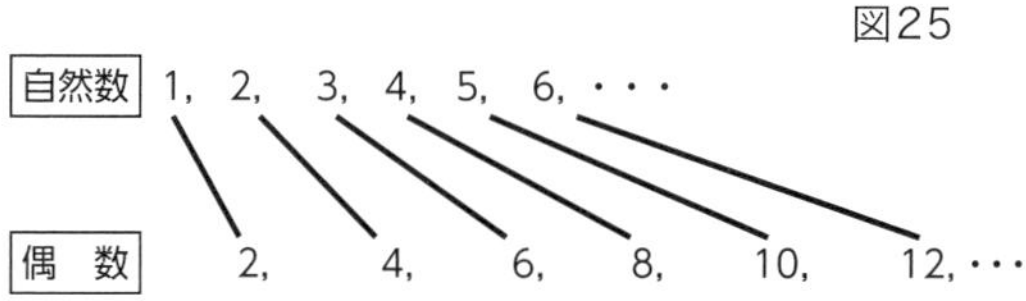

斜線は自然数（n）と偶数（2n）の1対1対応を示す

27」は、線分ＡＢ上をＡからＢまで動く点とＤを結ぶ線分が、線分ＡＢ上の点と線分Ａ'Ｃ上の点を常に1対1対応させることを示します。線分ＡＢと線分Ａ'Ｃは長さが明らかに異なるのに、それぞれの上にある点の個数の大小関係は等しいのです。つまり、線分ＡＢは「全体とその一部の大小関係が等しくなることがある」を満たし、その上には無限の個数の点があります。実数は数直線上の点で表され、数直線は線分を延長したものなので、実数は無限の個数あります。

数学では実数の方が自然数・整数・有理数より無限の個数が大きいことが証明されています。証明法は大学で集合や位相を学ぶ場合は必ず学びますが、僕は中学入試のｎ進数のついでに、実数の2進小数展開と対角線論法を使う証明法を教えることもあります。

図26

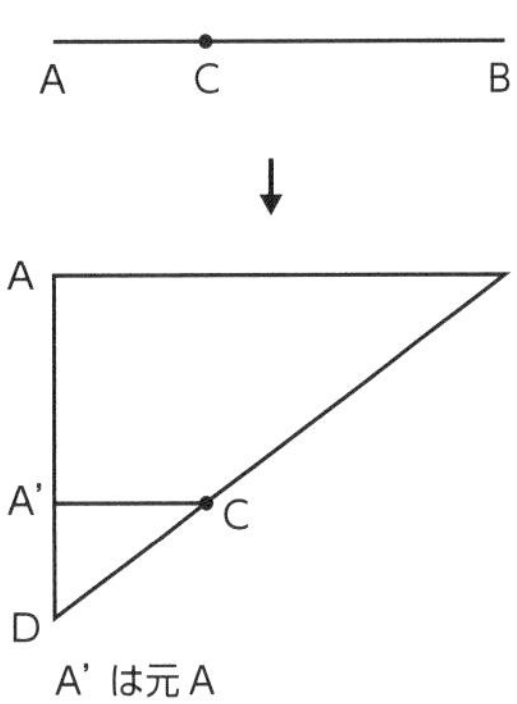

図27

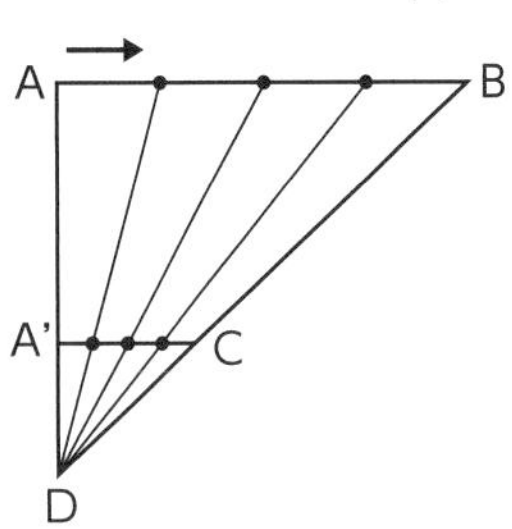

コラム9　サイコロと宝くじ

ここでは数学で学ぶ確率について述べます。『小学館 はじめての国語辞典』（小学館）の「かくりつ」という見出し語の説明を見てみます。

かくりつ【確率】
あることがおこりうるわりあい。▼「事故のおこる確率」

サイコロを振って1が出ることが起こり得る割合は、起こり得る目の出方が全部で6通りですから1／6となります。ただしこれは、「正しく作られた」サイコロの場合で、高校入試などの確率の問題でサイコロが出る場合もこのような条件が明記されています。

「正しく作られていない」サイコロは重心がずれていて1が出る確率は1／6になりません。この重心のずれが外見からは分からない場合に、正しく作られたサイコロとそうでないサイコロを区別する方法を考えてみるのも面白いです。正しく作られたサイコロで1の目が出る確率が1／6だというのは、サイコロを振る回数をどんどん増やすと、1の目が出る確率もどんどん1／6に近づくという意味で、大学で確率を学ぶ場合は必ず学ぶ大数の法則の一例です。

僕はサイコロを100回振って1が出る確率を確認したことがありますが、1／6よりかなり低い確率で、振る回数をもっと増やす必要がありました。振る回数をかなり増やしてもこの確率が1／6に近づかない場合、サイコロは正しく作られていません。

数学で確率を学ぶ時、期待値という言葉が登場します。1000枚の宝くじの1枚が当たりで、当たると10000円もらえる場合、この宝くじの期待値は、当たる確率の1／1000を使った10000 × 1/1000 = 10という計算で10円です。これは宝くじを買おうとする人にとっての宝くじ1枚の価値を意味します。

期待値は算数で学ぶ平均値と同じになります。前述の宝くじを1000人が1枚ずつ買った場合、1000人がもらった金額の平均は、(10000 × 1 + 0 × 999) ÷ 1000 = 10で10円です。

期待値と平均値は使う文脈が違います。期待値はこれから結果が出ることに使い、平均値はすでに結果が出たことに使います。同辞典の「へいきん」を見てみます。

へいきん【平均】

①多い少ないのないようにならすこと。

やはり何かが配分された後という感じです。

宝くじの値段は期待値より高く、そうでないと売る側に利益が出ません。しかし実際は宝くじに当たってもお金をもらいに来ない人がいるので、売る側がこの確率を計算して期待値より安い値段で売ることもできそうです。宝くじを買うことは夢を買うことにたとえられますが、期待値より安い値段の宝くじは、夢のような夢を買うことになります。

第7節　国語①　伝わりにくさによるコミュニケーション

コミュニケーションは普通、相手に何かを伝えるものですが、相手への伝わりにくさによるコミュニケーションもあります。『小学館 はじめての国語辞典』（小学館）の「それとなく」と「ひにく」という見出し語の説明を見てみます。

それとなく

はっきりとしないで。遠まわしに。▼「それとなく注意する」

ひにく【皮肉】

①遠回しに、いやがらせや悪口を言うこと。当てこすり。▼「皮肉を言う」

「それとなく」はいわゆる婉曲表現で、相手を傷つけたくない場合などに伝わりにくい言い方をすることです。一方「ひにく」も婉曲表現の一種ですが、「それとなく」とは逆に、伝わりにくい言い方で相手を傷つけようとしたり非難したりする場合に使います。

面白いのは、相手が皮肉を文字通りに受け取った場合です。例えば、相手のありがた迷惑に対して「ご親切なことで」と皮肉を言ったら、相手がお礼を言われたと勘違いするような場合です。皮肉を言った人からすると皮肉は失敗に終わりましたが、相手が皮肉であることさえ理解できないくらい愚かだと考えれば言った人の胸はすくので、皮肉の失敗が別の意味での成功となっているかもしれません。

第1章のコラム2で「鬼のような人」と「苦虫を噛み潰したような顔」が、同じ比喩でも少し違うのではないかと述べましたが、ここでやや詳しく考えてみます。

鬼は架空のものですが、僕たちは鬼についてわりと豊かなイメージを共有しているので、ここで、鬼にたとえられている人にそのイメージを投影できます。しかし、苦虫を噛み潰すことは、僕たちは鬼より貧しいイメージしか共有していないと思います。ですからここでたとえられている顔にそのイメージを投影しにくく、この比喩には伝わりにくさがあります。

ただ、この伝わりにくさがあるため、逆に、僕たちはそれぞれが持っている非常に機嫌の悪い顔つきの異なったイメージを、苦虫を噛み潰すことに投影できます。そして、それぞれが異なったイメージを持ったまま、それなりにこの比喩でコミュニケーションが進められるという形で、この比喩は僕たちの言葉遣いに定着しているのだと思います。

以上のように考えると、伝わりにくさはコミュニケーションにおいて伝わりやすさと同じくらい大切なものだと言えそうです。

第8節　国語②　構造主義

この節では、国語について考えるうえで不可欠な概念となっている構造主義という方法について述べます。『小学館　はじめての国語辞典』（小学館）の「じゃんけん」という見出し語の説明を見てみます。

じゃんけん

片手で石（ぐう）・紙（ぱあ）・はさみ（ちょき）の形を同時に出し合って、勝ち負けをきめるあそび。

ポイントは、石・紙・はさみというそれぞれの言葉の意味が、じゃんけんという遊びの中で、それぞれの言葉同士の関係があって初めて決まるということです。このような関係のことを構造といい、言語学、文化人類学、数学などで研究され始め、その方法が構造主義と呼ばれるようになり、その後、自然科学・人文科学・社会科学の多くの分野に広がりました。

国語との関係で言うと、構造主義は、日本語の多様性を生み出しつつも相互に翻訳可能である方言などの言語現象の説明に役立ちます。ある方言で使われる個々の言葉は他の方言の個々の言葉と違っていても、これらの方言の構造同士は似ているのです。

同辞典の「じゃんけん」という見出し語の説明には、「世界のじゃんけん」という図があり、インドネシアのじゃんけんが載っています。それは、ゾウが人間に勝ち、人間がアリに勝ち、アリがゾウに勝つというものです。構造は日本のじゃんけんの構造と同じで、ゾウ・人間・アリという言葉が、日本のじゃんけんと違うだけなので、インドネシアのじゃんけんと日本のじゃんけんは、言語の多様性を生み出しつつも相互に翻訳可能です。

国語と構造主義の関係として他に大切なのは、構造主義が「近代」という概念を批判するものとして使われたことです。同辞典の前述の図には、フランスのじゃんけんも載っていますが、日本やインドネシアのじゃんけんとはやや構造が違います。

このように、構造はそれぞれの地域によって異なることもありますが、「近代」では西洋文化が他の地域の文化より優越したものと考えられました。それに対して構造主義は、どの地域の文化もそれぞれの構造を持ち、それらの間に優劣はないとしたのです。

中学入試・高校入試・大学入試の国語の現代文に出る論説文は、ほとんどが何らかの意味で「近代」批判を含んでおり、それと関わりの深い構造主義の理解は、お子さんが国語を勉強するうえで避けて通れません。「近代」と「近代」批判は国語だけでなく他の教科、特に社会でも大きなテーマで、この辺りのことは後の節で詳しく述べます。

第9節　国語③　古文の敬語

この節では中学・高校の国語の古文で学ぶ敬語について述べます。古文と現代文の最大の違いは、古文が使われていた時代は身分制社会であったということです。そのため、古文の敬語には現代文の敬語とは違ういくつかの特徴があります。この節では、これらについて、古文の敬語を現代文の敬語に置き換えて説明してみます。

古文の敬語の特徴として、中学生・高校生の生徒を悩ませる二方面敬語の頻出があります。二方面敬語は次のような場合に使われます。話し手(書き手)がある場面について話す（書く）時に、その場面にAとBという人物が登場し、人物の身分は高い方から、A、B、話し手（書き手）の順だとします（図28）。

図28

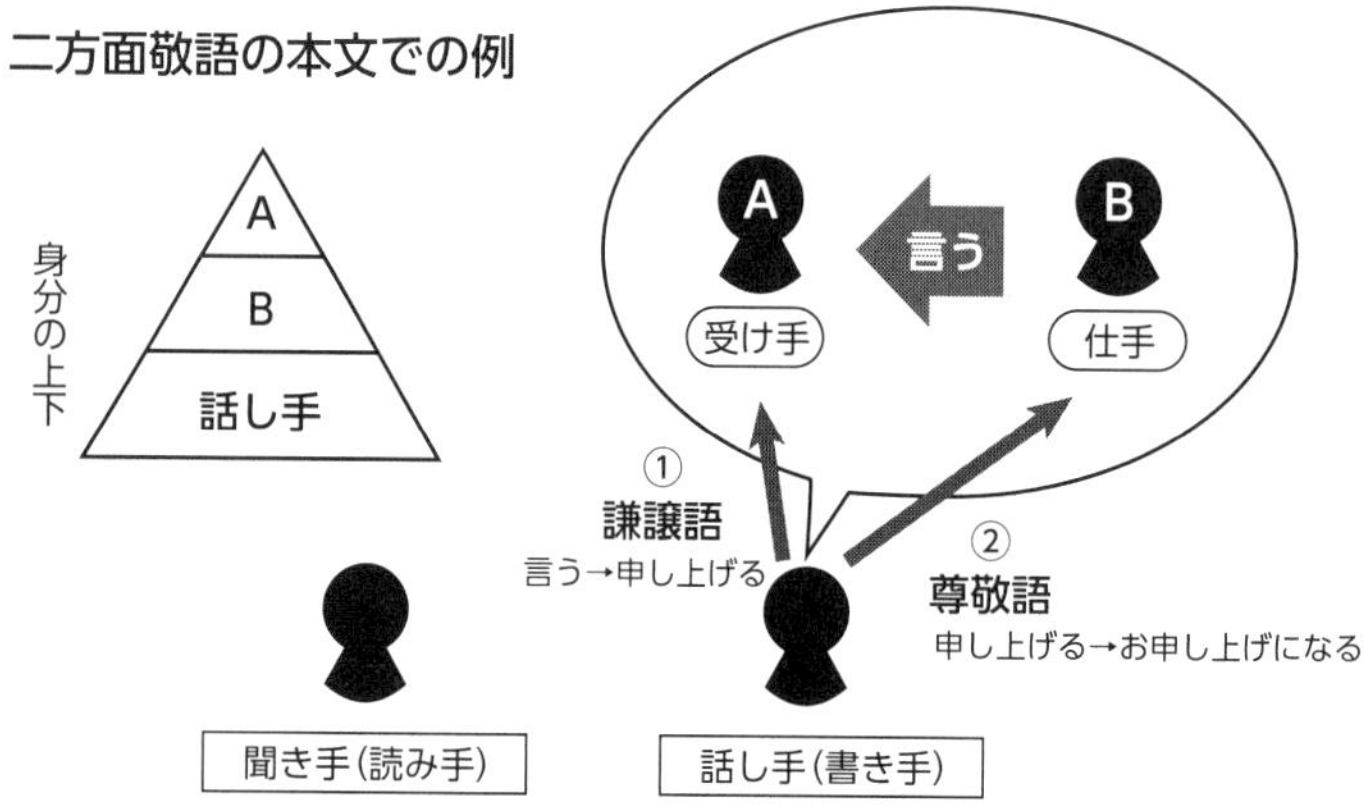

この状況設定においてBがAに何かを言う場合、話し手（書き手）は、Aに受け手尊敬の謙譲語を、Bに仕手尊敬の尊敬語を順に使うことになります（受け手尊敬と仕手尊敬については、第2章の第18節「国語⑧」で述べました）。これが、二方面敬語です。「BがAにお申し上げになる」などという感じになり、この言葉遣いのくどさがよく分かります。

二方面敬語と言葉は似ていますが、全く異なるものとして二重敬語があります。これは話し手（書き手）がある場面について話す（書く）時に、その場面に自分より相当身分が高い人物Aが登場する時に、敬語を2つ重ねて使うというものです。例えばAが何かを言った場合、現代文の敬語に置き換えると、「Aがおっしゃった」ではなく、「Aがおっしゃられた」などという感じになります。

古文の敬語の他の特徴は、当時の身分制社会の頂点にいた天皇に関わるものが多いです。例えば自敬表現というものは、天皇が書き手（話し手）の場合に、自分自身に敬語を使うことです。天皇が疲れた場合なら、現代文の敬語に置き換えると、「私様はお疲れになった」などという感じになります。他にも絶対敬語という天皇にしか使われない敬語もあります。例えば天皇の外出を「行幸」（ぎょうこう／みゆき）と言うなどです（行幸は古文の敬語そのままの言葉です）

古文の敬語の特徴としてもう1つ覚えておくとよいのが、身分の高い人をさす時に、人物を直接さすのが畏れ多いので、その人のいる場所を表す言葉を代わりに使うというものです。
『小学館 はじめての国語辞典』（小学館）の「いん」という見出し語の説明を見てみます。

いん【院】

②昔、上皇・法皇などをうやまったよび名。または、そのすまい。

これは小学生の日本史でも学ぶ平安時代末の院政の院です。

第10節　国語④　和歌と掛詞

中学・高校の国語の古文で生徒を悩ませるものに和歌があります。特に大学入試の問題では、本文中で登場人物同士が和歌のやりとりをすることが多く、これらの理解が問題を解くうえでとても大切になります。

『小学館 はじめての国語辞典』（小学館）の「たんか」という見出し語を見てみます。

たんか【短歌】
和歌のこと。五・七・五・七・七の三十一文字からできている歌。日本のみじかい詩の一つで、奈良時代からさかんになった。

和歌は短いので、多くの情報を伝えるために掛詞がよく使われ、生徒が和歌の意味をとるのを難しくします。同辞典で「かけことば」という見出し語の説明を見てみます。

かけことば
一つの音に二つの意味をもたせること。たとえば「まつ」に「待つ」と「松」の意味をもたせるなど。

僕はダジャレが好きで、拙著『勉強』（南々社）でも述べたように、個別指導用のプリントに毎回、生徒ごとに異なる「読みなシャレ」というダジャレを書いて返却し、これらをまとめた『読みなシャレの辞典』（私家版・本書の電子書籍版に『詩人の辞典』とともに付録として収録）を書いたぐらいですので、中学・高校の時、和歌の掛詞には全く苦労しませんでした。要は慣れの問題ですので、お子さんは百人一首とその現代語訳などで慣れておくのがよいです。同辞典で「ひゃくにんいっしゅ」という見出し語の説明を見てみます。

ひゃくにんいっしゅ【百人一首】
百人の歌人の歌を、一人につき一首ずつえらんだもの。藤原定家のえらんだ「小倉百人一首」がもっとも有名。

例えば小倉百人一首には、六歌仙の1人である喜撰（きせん）法師の次のような和歌があります。

わが庵は　都のたつみ　しかぞすむ
世をうぢ山と　人はいふなり

「しか」が「鹿」と「然」の掛詞で、「うぢ」が「宇治」と「憂し」の掛詞です。意味をとる時は、掛詞によって生まれている物事についての意味と心情についての意味を、順序を変えたりして組み合わせ、分かりやすい日本語にするのがコツです。

この和歌を僕が現代語に訳すと、「私の庵は都の東南の、鹿が住むようなところにあり、このように心穏やかに住んでいる。それなのに世間がつらいから宇治山に逃げ込んだのだと人は言うようだ」となります。

第11節　国語⑤　熟語を使った漢文の読み方入門

この節では、中学・高校の国語の漢文の読み方について最初に学ぶことを、小学校で学ぶ熟語を使って説明してみます。

小学生の生徒がよく書き間違える熟語に、「救急車」があります。これを「急救車」と書いてしまうのです。確かに、「急救」を「急いで救う」と読めば意味は通ります。ここで、『小学館 はじめての国語辞典』（小学館）の「きゅうきゅう」という見出し語の説明を見てみます。

きゅうきゅう
急におきたきけんから、人を救うこと。

つまり、「急いで救う」ではなく、「急を救う」と読んで「救急」なのです。この読み方は、漢文の読み方でいわれる、「鬼と会ったら帰れ（ヲ、ニ、ト会ったら返れ）」というルールです。「急を」の「を（ヲ）」から上の漢字に返って読むということです。

否定語は下から返って読まれるというルールもあります。同辞典の「ふのう」という見出し語の説明を見てみます。

ふのう【不能】

はたらきのないこと。できないこと。不可能。▼「使用不能の機械」↕可能。

「不能」は「能（あた）はず」と読みます。「ず」は「不」の読みで、漢字では表記しません。この辺りのルールは古文の助動詞も関係してきて説明が長くなるのでここでは触れません。

少し発展的な例としては、同じ字を一度読んだ後、再び下から返って読むというものがあります。同辞典で「みぜん」という見出し語の説明を見てみます。

みぜん【未然】

ことが、まだおこる前。▼「事故を未然にふせぐ」

「未然」は「未（いま）だ然（しか）らず」と読みます。「ず」は「未」を再び下から返って読んだ読みで、漢字では表記しません。前述の「ず」と「不」の場合と事情は同じです。

同じような例として、同辞典の「とうぜん」という見出し語の説明を見てみます。

とうぜん【当然】

あたりまえのこと。

「当然」は「当に然るべし」と読みます。「べし」は「当」を再び下から返って読んだ読みで、漢字では表記しません。前述の「ず」と「不」の場合と事情は同じです。

第12節　国語⑥　故事と漢文

この本の第2章第11節「国語①」で、五十歩百歩という、故事を知らないと意味が分からない熟語が出てきましたが、日本語の言葉の故事は古代中国までさかのぼるものが多く、中学・高校の漢文で学ぶものもあります。

『小学館 はじめての国語辞典』（小学館）の「けいせつのこう」という見出し語の説明を見てみます。

けいせつのこう【蛍雪の功】
苦労して勉強すること。昔、中国で、まずしいために、ホタルの光や雪明かりで勉強したという話から生まれたことば。

故事が昔の中国までさかのぼることが明記されています。このような時は、元の漢文をその現代日本語訳とともに読んでみると面白いです。

この故事は、唐の時代に子どものために書かれた『蒙求（もうぎゅう）』という書物に載っています。この書物は平安時代に日本に伝わり、藤原氏の子弟なども学び、江戸時代まで読み続けられたものです。小学生のお子さんが日本史で学ぶことにつながっているという点でもお薦めの書物ですが、元々子どものために書かれたものであるため、口誦（こうしょう）しやすいように文章は韻が踏まれていて、大学入試などの漢詩の問題を解く時に大切になってくる漢文の押韻にも親しむことができます。

ちなみに、『蒙求』によると、蛍の光で勉強したのは車胤（しゃいん）という人で、雪明かりで勉強したのは孫康（そんこう）という人で、2人とも後に高級官僚になったとのことです。僕が中学生の時にこの話を読んだ時、2人とも絶対目が悪くなったに違いないと思いました。当時、寮に住んでいた僕は、寮の消灯時間の後も布団をかぶってペンライトで読書をしたせいで目がかなり悪くなっていたからです。

さて、消灯時間後も布団をかぶってペンライトで読書をしていた中学生の僕は漢文もわりと読んだおかげで、大学入試の2次試験まで漢文のテストのために特に何も勉強せずにすみました。僕が当時読んだ漢文は読んだ順に、『十八史略』、『史記』の一部（「秦始皇本紀」「項羽本紀（こううほんぎ）」「高祖本紀（こうそほんぎ）」「黥布列伝（げいふれつでん）」「淮陰公列伝」）、『貞観政要（じょうがんせいよう）』で、いずれも学校の授業でこれらの一部を読んだのがきっかけでした。

生徒に勉強を教える仕事をするようになってから、『論語』『老子』『荘子』『孫子』『韓非子』など、中学・高校の世界史や倫理で学ぶ、いわゆる諸子百家の漢文も読みましたが、社会人になって驚いたことがあります。それは、会社の社長をしている人で『貞観政要』を座右の書にしている人が多いことでした。お子さんが漢文を読んでおくと勉強以外のところでも役に立つかもしれません。

コラム10　敬語・言葉の多様性・寛容

この本ではこれまで敬語についていろいろと述べてきたので、このコラムでは敬語・言葉の多様性・寛容の関係について述べます。敬語は身分制社会の悪しき遺産だからなくすべきだと言う人がいます。僕はそう言う人の気持ちも分からなくはないです。

例えば、他の人の使う敬語がおかしいと言う人は、他の人の自分に対する敬語の使い方がおかしい場合にそう言うことがあり、この場合、自分は相手より偉いと思っていて、相手に正しい敬語を使うように要求しているわけです。僕もこのメンタリティは好きではありません。また、他の人の使う敬語がおかしいと言う人は、敬語が正しく使えるというまさにその点で、自分は相手より偉いと思っている場合もあります。僕はこのメンタリティも好きではありません。

僕は敬語をこれらのメンタリティから全く離れて捉えている人が少なくとも2人はいることを知っています。1人は僕が塾・予備校の講師をしていた時の先輩の国語講師で、もう1人は僕が会社で働いていた時の仕事の師匠です。2人とも敬語は完璧に使いこなせましたが、他の人がおかしな敬語を使っていてもそれを指摘することさえありませんでしたし、正しい敬語が使えることで自分が偉いと思っている様子も全くありませんでした。僕はこの2人と出会ってから、この2人にとって敬語とは一体何なのかを考えるようになりました。

現在のところの僕の結論は、2人とも言葉の多様性が好きなのだということです。2人とも方言、古文、漢文、外国語などの話が大好きでした。それどころか、ほとんどの人が興味を持ってくれない、僕の研究分野である数理論理学で使われる「論理の言葉」の話も楽しそうに聞いてくれました。2人にとっては敬語が何であるかはあまり重要ではなく、敬語がない場合よりある場合の方が言葉の多様性が豊かで、それを楽しめるということなのだと思います。

この2人はともにとても寛容な人柄でしたが、僕はこの寛容は2人が言葉の多様性を好むことと密接に関わっていると思っています。このことは逆の場合を考えてみると分かりやすいです。例えば人類の歴史上、言葉を制限・統制する不寛容な社会は枚挙にいとまがありません。そして、2人はそれぞれの仕事で大成功していました。

もちろん2人とも仕事の能力は大変高かったのですが、僕は、2人と同じくらいの仕事の能力を持っていても、仕事で全く成功できなかった人を何人も知っています。その差が人柄の寛容さにあり、それが言葉の多様性を好むことと関わるのだとしたら、僕はそれだけでもお子さんが敬語を学ぶ意味があると思います。

第13節　理科①　進化論

中学・高校の理科で新たに学ぶことのうち、最も重要なことの1つに進化論があります。『小学館 はじめての国語辞典』（小学館）の「しんか」という見出し語の説明を見てみます。

しんか【進化】
長い年月に、生物が、かんたんなものから、だんだんふくざつになり、いちだんと進んだじょうたいに少しずつかわっていくこと。↕退化。

ここには「人類の進化」という図もついていて、類人猿↓原始人↓現代人の順に描かれています。この説明もイラストも中学・高校の理科で学ぶ進化論から考えると要注意です。

中学・高校の理科で学ぶ進化論は、ダーウィンによる進化論で、「自然選択（自然淘汰）説」と呼ばれ、進化とは、ある生物種の中に偶然あった形や性質の個体差（変異）のうち、より環境に適した個体差を持つ個体だけが子孫を多く残すということが繰り返されて起こるものだと説明します。

ですから、「進化した」とは「環境により適応した」ということであり、前述の同辞典の「いちだんと進んだ」という言葉は誤解をまねきます。ある環境により適応した種が、変化した次の環境に適応できずに滅びた例は多いからです。また、人類の進化についても、類人猿から現在の人類に進化するまでにいくつもの種が枝分かれして進化し、滅びています。以上の2点をまとめると、進化という言葉自体には単線的なイメージがありますが、進化論で言う進化は単線的ではないということです。

お子さんが大学で科学史や科学哲学などを学ぶ場合、進化論で言う進化を、目的論的に捉えることに関する議論を必ず学びます。進化を目的論的に捉えるとは、「進化は環境に適応する『ために』起こった」と考えることで、前述の自然選択説とは逆です。自然選択説では、偶然から環境に適応できた場合に進化したと言うのですから。

進化を目的論的に捉えることを推し進めると、いわゆるインテリジェント＝デザイン論になります。これは、生物の環境への適応があまりに見事なため、何らかの知的存在が生物をそのように設計したと考えるものです。

「何らかの知的存在」を「神」に置き換えると、キリスト教などの宗教の教義とほぼ同じになります。実際、19世紀にダーウィンが進化論を発表した時、キリスト教が大反発しました。ただ、ここで興味深いことは、そもそも当時の科学の目的自体が、自然界の法則を解明することによって神の偉大さを再認識することにあったということです。

進化論は、科学が他の多くのことと関わっているということをお子さんが学べる最もよい題材の1つだと思います。

第14節　理科②　原子・分子・エネルギー

中学・高校の理科で新たに学ぶことのうち、重要なことの1つに、原子・分子・エネルギーに関することがあります。『小学館　はじめての国語辞典』（小学館）の「げんし」「ぶんし」という見出し語の説明を見てみます。

げんし【原子】
物をそれ以上分けられないところまで分けた、ごく小さいつぶ。原子核を中心に、まわりに電子がある。アトム。

ぶんし【分子】
①いくつかの原子が集まって、一つの性質を持っている物。たとえば、水の分子は二つの水素原子と、一つの酸素原子からできている。

これらによって、小学校の理科で学んだことの多くが説明し直されますが、近年の中学入試の理科の問題はこれらにまで踏み込んだものもあり、僕も、生徒が多くのことを理解しやすくなるので教えることが多いです。

原子と分子のポイントは、これらが通常は動き続けていることです。相対性理論で有名なアインシュタインの他の業績の1つにブラウン運動に関するものがあります。ブラウン運動とは、水面の花粉がランダムに動き続けるなどのことですが、これは動き続ける水の分子が花粉に衝突することで起こります。

このように、動いている物は他の物に衝突して相手の動きを変えますが、このようなことができる状態にあることを、「エネルギーを持っている」と言います。同辞典の「エネルギー」という見出し語を見てみます。

エネルギー

①仕事をする力。▼「電気エネルギー」

この「仕事」が、「両親とも仕事をしている」などと言う時とは違う意味で使われていると思ったお子さんは鋭いです。この「仕事」は理科の専門用語で、「仕事＝力の大きさ×力のはたらいた距離」と定義されます。

この式で、仕事の単位はJ（ジュール）、力の大きさの単位はN（ニュートン）、力のはたらいた距離の単位はm（メートル）です。ここでのポイントは、Jはエネルギーの単位でもあり、エネルギーにはさまざまな種類があることです。

中学・高校の社会で学ぶ産業革命に登場する蒸気機関を考えると、これは熱で水を沸騰させて物を動かすので、熱はエネルギーの一種です。すると、前述の、原子と分子が通常は動き続けているということが、物が熱、つまりある温度を持っているということを意味すると分かります。

お子さんが原子・分子の動きと熱エネルギーの関係を踏まえ、第2章の第23節「理科⑤」第24節「理科⑥」で述べた、水の状態変化や空気の対流について考え直すと理解がより深まります。

なお、理科に限らずお子さんが教科の発展的な内容に興味を持った場合は、巻末のブックリスト（本書の紙版に収録）で紹介している本を参考にしてみてください。

コラム11　打ち水・青菜に塩

ここでは前節で述べたことを使い、お子さんが体感できる現象を説明します。例として、『小学館 はじめての国語辞典』（小学館）の「うちみず」という見出し語の説明を見てみます。

うちみず【打ち水】

ほこりをおさえたり、すずしくするためにまく水。

暑い日に水を地面にまいてしばらくすると涼しくなりますが、この原因を前節で述べた水の分子の動きと熱エネルギーの関係から説明します。

まかれた水は地面の熱に温められ一部が水蒸気になります。水蒸気は液体の水より水の分子が激しく動き続けている状態で、地面の熱エネルギーが水の分子の動き方を変えたのです。つまり、地面からその分の熱が奪われたため涼しくなるのです。この奪われる熱を気化熱といい、潜熱と呼ばれるものの一種です。

注射の前のアルコール消毒で肌が冷たくなるのも原因は同じですが、気化熱はアルコールの方が水よりかなり小さいです。それなのにアルコールの方が温度が低くなる原因はぜひお子さんが考えてみてください。

やや発展的な例として、同辞典の「あおなにしお」という見出し語を見てみます。

あおなにしお【青菜に塩】

塩をかけられたなっぱのように、しおれて元気をなくしたようす。

菜っ葉がしおれる原因を前節で述べた原子と分子により説明します。ここでは、菜っ葉は表面を水で濡らしてあり、かける塩は食塩だとします。

ポイントは、菜っ葉の表面に水の分子は通れて、食塩を構成するナトリウム原子や塩素原子（食塩とはナトリウム原子と塩素原子が結びついた塩化ナトリウムのことですが、これは分子と呼びません）は通れない大きさの穴が多数あることです。

食塩をかける前は、菜っ葉の中と外のそれぞれの水の分子はランダムに動き続けています。そして、菜っ葉の表面の穴を通って中から外に出る水の分子の数と、外から中に入るそれの数は一定の時間で見ると同じです。

しかし、食塩をかけると、菜っ葉の外の水に溶けたナトリウム原子と塩素原子も穴から中に入ろうとするぶん、水の分子が外から中に入る数が減り、ナトリウム原子と塩素原子は穴を通れないためこの状況がずっと続き、一定の時間で見ると、外から中に入る水の分子の数より、中から外に出るそれの数の方が多くなります。つまり、食塩をかけると菜っ葉の中の水が外に出て菜っ葉はしおれることになります。

これはお子さんが中学・高校の理科で半透膜・浸透圧・ファント＝ホッフの法則などの用語により学ぶことです。大学で物理化学を学ぶ場合はファント＝ホッフの式で必ずより詳しく学びます。

第15節　社会①　日本の社会史

第2章の第33節「社会⑤」で庶民の歴史である社会史に触れましたが、お子さんが中学・高校で学ぶ日本史では、統治者の歴史をより詳しく学ぶことに加え、社会史の比重も増えてきます。この節では、国語辞典を活用して日本の社会史を学ぶ方法を述べます。

『小学館 はじめての国語辞典』（小学館）の「ねこ」という見出し語の説明の「猫」というコラムを見てみます。

そこには、１３００年ほど前に中国から仏教の経典を船で日本に運ぶ際に、ネズミが経典をかじるのを防ぐために猫も船に乗せられて日本にやって来たと書かれています。これが現在、僕たちが猫を飼っているきっかけとなった出来事で、日本におけるペットの社会史の一部です。

小学生向けの国語辞典を読んでいると、他の物事についても似た説明が出てくるので、これらを時代ごとやテーマごとに整理するだけでも社会史の勉強になります。

やや発展的な方法について述べるために、同辞典の「せんりゅう」という見出し語の説明を見てみます。

せんりゅう【川柳】

五・七・五の十七文字のみじかい詩。こっけいで、おどけた句が多く、季語（季節をあらわすことば）はいらない。江戸時代、柄井川柳が作者として名高かったから、この名になった。

中学・高校の日本史の資料集などによく出てくる次のような川柳があります。

役人の子はにぎにぎを能く覚え

これは役人が賄賂を取ることを風刺した句で、統治者に対する庶民の感情がよく現れています。現在の新聞などに載っている時事川柳も政治を風刺したものが多く、このような文物は社会史を学ぶよい題材になります。

国語辞典を読んでいると、このような文物が登場することが多いです。同辞典の「ふうし」という見出し語の説明を見てみます。

ふうし【風刺】

人のことや世の中のことについて、それとなく遠回しに皮肉を言うこと。▼「ふうしまんが」

この説明で例として挙げられている風刺漫画も、前述の川柳と同じで庶民が政治を風刺したものが多く、お子さんはその実例を現在の新聞などで毎日のように見ることができます。

お子さんが国語辞典を読んでいて、社会史につながりそうな文物の記述に出会ったら、ぜひその実例を見てみてください。

第16節　社会②　世界地図と近代

お子さんが中学・高校の社会で新たに学ぶことの中に、世界地理と世界史があります。ここでは両方で重要な「近代」について述べます。

なお、「近代」はこれらだけでなく、社会という教科全体と他の全ての教科でも重要で、現代の学問でこれと無関係なものはないくらいです。実際、この本でもこの章の第2節「英語②」（イギリスが世界帝国となった話）や第8節「国語②」（構造主義の話）などで度々触れています。

お子さんが世界地理を勉強する時に効果的な方法は日本地理と同じで、世界地図を描くことです。『小学館 はじめての国語辞典』（小学館）の「せかい【世界】」という見出し語の説明には、「国によって世界地図はかわる」という図が付いていて、そこに示された世界地図を手本にして描くことができます。

この時にお子さんにぜひやってほしいのが、地図帳も見て世界地図に国境線を描くことです。日本地図の県境と比べると直線の国境線が多く、高校入試・大学入試の世界地理や世界史ではその理由がよく問われます。

世界地図の直線の国境線は特にアフリカ大陸に多いのですが、これは、いち早く「近代」

化し、アフリカの国々を植民地にしたイギリスやフランスなどが作為的に国境線を決めためです。同辞典の「きんだい」という見出し語の説明を見てみます。

きんだい【近代】

歴史の時代の分け方のうち、近世のあとで、現代の前。日本では明治から、昭和の第二次世界大戦の終わりまで。西洋では十九世紀からのち。

時代の分け方は各時代を特徴づける社会のあり方に基づき、「近代」は時代名でもあり、社会のあり方を表す言葉でもあります。

面白いのは、現在は時代としては「近代」の次の現代なのに、社会のあり方の根本は「近代」のままであるということです。ただし、社会のあり方としての「近代」の、現在に至るまでの変容や、そこで新たに現れた問題に注目する人は、現在の社会のあり方を「ポストモダン」(「近代の後」の意)と呼び、この言葉は現代思想の分野で特によく使われます。

社会のあり方としての「近代」の特徴は、政治的には民主主義・自由主義・個人主義・国民国家など、経済的には資本主義とそれへのアンチテーゼである社会主義など、文化的には合理主義・世俗化などです。

お子さんが大学、特に文系学部に進学した場合は必ず学ぶのですが、社会のあり方としての「近代」の、これらの特徴同士の関係は大変に複雑です。個人主義と国民国家は相性が悪い局面が多かったり、資本主義と社会主義を合わせた考え方が普通にあったり、合理的神秘主義という言葉があったり、自由主義と資本主義さえ両立しないという議論があったり……それだけに面白いテーマでもあります。

第17節　社会③　立憲主義

第2章の第35節「社会⑦」で、憲法を単純に法律と言うことは立憲主義という重要な概念を理解しづらくすることがあると述べましたが、ここではこれについて詳しく述べます。
僕は、全教科で見ても立憲主義ほど生徒に上手く伝わっていない概念はないと思います。これは小学生の生徒に限らず、中学・高校の生徒にも言えます。
第2章の第35節「社会⑦」でも見た、『小学館　はじめての国語辞典』（小学館）の「けんぽう」という見出し語の説明をもう一度見てみます。

けんぽう【憲法】
国のきまりの大もとになる法律。▼「日本国憲法」

この説明にある、「法律」という言葉の同辞典による説明も見てみます。

ほうりつ【法律】
社会生活をしていくうえで、国民がまもらなければならない国のきまり。国会できめる。

憲法を単純に法律と言ってしまうと、憲法は国会で決められたものとなります。これは間違いではありませんが、その前の段階のことを考えにくくします。そして、立憲主義はこの段階に深く関わるものです。

世界史の中で早期に憲法を生み出したイギリス、アメリカ、フランスの場合、いずれもその前の段階で市民が暴力によって国王と対決して勝利しています。立憲主義とは、この暴力が次は自分たち自身に向かわないように市民が自制する仕組みを憲法に定めるという考え方です。

憲法を生み出した市民は、自分たちの行使した暴力の危険性を自覚し、自分たちが国王に代わって国家の主権者となっても、いやむしろ、国王の暴力を超える暴力によって国家の主権者になったからこそ、国家の権力の制御に意を尽くしたのです。

立憲主義の観点から見ると、日本国憲法に定められた三権分立の仕組みが非常に重要ですが、生徒は日本国憲法を学ぶ際に、第2章の第35節「社会⑦」でも述べた三大原則だけに注意が向かいがちです。生徒に立憲主義が上手く伝わらない最大の理由は、日本のこれまでの憲法が生み出された経緯にあります。

大日本帝国憲法は国家の主権者である天皇の権力を制御しようとする立憲主義によるものではありませんでした。日本国憲法も敗戦後にＧＨＱ主導で生み出され、その際に日本国民が自分たちの暴力の危険性を自覚する機会はありませんでした。そしてこのことが生徒に立憲主義を教える際の大人の力点の置き方に影響を与えているのだと思います。

しかし、立憲主義は現在でも憲法に関する非常に重要な概念で、お子さんが大学で法学や政治学を学ぶ場合は、国家緊急権などに深く関わるものとして、憲法を生み出した暴力に必ず立ち返ります。

第18節　社会④　性別

この節ではお子さんが高校の社会の公共などで学ぶ性別について述べます。『小学館 はじめての国語辞典』（小学館）の「せいべつ」「おとこ」「おんな」という見出し語の説明を見てみます。

せいべつ【性別】
男と女の区別。

おとこ【男】
①男性。↕女。

おんな【女】
①女性。↕男。

この説明にある、「男性」「女性」という言葉の同辞典による説明も見てみます。

だんせい【男性】
男。↕女性。

じょせい【女性】
女の人。↕男性。

　説明が循環していますが国語辞典に責任はありません。お子さんが国語辞典の見出し語の説明にこのような循環を見つけたら、その見出し語に関しては非常に多くの問題や議論があると思うべきです。性別に関して言えば、僕が知る問題や議論だけでも、それらについて書くと国語辞典より分厚い本になります。

　社会の公共などで学ぶ性別はジェンダーと呼ばれるものです。ジェンダーとは生物的な性別とは異なる社会的な性別で、ある社会が作り出した、「男とはこうあるべき」「女とはこうあるべき」という規範や、「男らしさ」「女らしさ」のイメージなどのことです。

　ジェンダーは男女差別、特に男尊女卑につながることが多いのですが、それから自由になることが時として非常に難しいこともあります。例えば僕たちの言葉遣いで、「男女」という言葉を使うのをやめて「女男」という言葉を使うことにしたり、これらの言葉を状況に応じて適切に使い分けたりすることは多くの人にとって難しいと思います。

生物的な性別は、それと本人の性自認が一致しない性同一性障害などに関する問題について学ぶ際の大前提ではありますが、ここにも考えるべき問題はあります。

生物的な性別は性染色体の違いにより性腺と外性器が形成されて決まりますが、いわゆる男や女はこれら3つ全てが典型的である場合のことで、3つそれぞれに非典型的な場合が無数に存在します。

性染色体が非典型な場合のうちの1つについて述べると、睾丸性女性化症候群（こうがんせいじょせいかしょうこうぐん）と呼ばれる場合では、子宮や卵管などは持たないことが多く、乳房、外陰部、膣を持ち、原発性無月経で睾丸を持ちます。

以上のことを知るだけでも、お子さんは国語辞典で性別の説明が循環する理由が分かると思います。性別に関する問題は解決が難しいものも多いですが、日常生活の中で最も身近に存在する問題でもあり、お子さんはこれらについて考える習慣を早くから身につけるのがよいと思います。

第19節　社会⑤　宗教

この節では、高校の社会の倫理などで学ぶ宗教について述べます。『小学館 はじめての国語辞典』（小学館）の「しゅうきょう」という見出し語の説明を見てみます。

しゅうきょう【宗教】
神や仏をしんじることによって、安心したくらしを得ようとする教え。

宗教には世界三大宗教と呼ばれるキリスト教、イスラム教、仏教があり、他にもキリスト教とイスラム教の元であるユダヤ教や、イスラム教と仏教の両方と関わりの深いヒンドゥー教、さらには仏教とともに日本人に大きな影響を与えている儒教などがあります。これらのうち、同辞典に載っている、「キリスト教」「イスラム教」「仏教」「儒教」の説明を見てみると、宗教には神などを信じる、道徳を守る、という2つの要素があることが分かります。

これら2つの要素の共通点は、自分以外の者に心が向いていることです。道徳とは他者と一緒に生きていくためのものだからです。こう考えると、宗教はある人が特定の宗教を信じているかどうかとは全く別に、人間というものの本質の表れと見ることができます。

僕は特定の宗教の信者ではなく、特に道徳的でもないですが、自分以外の者に心が向いているという意味では、自分はわりと宗教的な人間だと思っています。これは多分、生徒に勉強を教える仕事をしてきたためです。

生徒に勉強を教えるには嫌でもある程度は自分も勉強する必要がありますが、勉強とは今の自分がよく分かっていないものに心を向けることですから、前述の、「自分以外の者」を「自分以外の物」に変えれば宗教と同じです。さらに、生徒に教えるということは、まさに自分以外の者に心を向けることそのものですから、僕が宗教的なのも無理のないことです。

生徒は、宗教は科学と対立するものと捉え、生徒が勉強することのほとんどが科学であるため、勉強とも対立するものと捉えがちです。僕の宗教についての理解の仕方がお子さんにとって意外なものであるなら、その経験こそが、今の自分がよく分かっていないものとの出会いです。よく分かっていないものに心を向けて勉強しようとするなら、その心のあり方は特定の宗教を信じている人のそれに近いです。

僕はこんなところから、特定の宗教を信じる人と特定の宗教を信じない人の対立や、異なる宗教を信じる人の間の対立がなくなっていかないかなと思っています。これらの対立の行き着く先は全く「宗教的でない」ですし。

コラム12　税金

この本では生徒が社会の政治・経済で学ぶことのうち、経済の話をしてこなかったので、ここでは経済に関することとして税金について述べます。とはいえ、税金は政治と経済の両方に深く関わるもので、経済の観点からだけで理解することはできません。

第3章の第17節「社会③」で、イギリス、アメリカ、フランスのいずれも憲法を生み出す前の段階で市民が暴力により国王と対決したことを述べましたが、どの国の場合にもその発端には国王による市民への課税の問題がありました。

また、日本国憲法が定める国民の三大義務にも納税の義務が含まれていて、他の2つの義務である教育を受けさせる義務と勤労の義務も、見方によっては納税の義務を保証するためのものと捉えることもできます。現在の日本の実際の政治に目を向けても、政府が行っていることの中で最も重要なことは、税収を確保し、その使い方を決めた予算を作って国会に通し、それを実行することです。そしてここにお子さんと深く関わる問題があります。

中学・高校の政治・経済で学ぶように、日本は歳出に対して税収が慢性的に不足しており、税収で足りない分は赤字国債で賄ってきました。これについては、政府にとって現在の納税者への増税は政権が倒れかねないリスクがあるのに対し、赤字国債は現在の子どもたちの将来にツケを回して現在の急場をしのげるので、政府は増税より赤字国債発行を選好するという説明がよくなされます。

実際は、現在の納税者に増税を行わないことは、その子どもたちの福利厚生によい影響を与えることもあり、現在の子どもたちの将来にツケを回すという言い方は単純すぎる面もあります。そして政府のそういうやり方を非難するだけでは物事は改善しません。

お子さんとお子さんの将来にとってより建設的なことは、現在の税制をどう改善し、そこからの税収の使い方がどうあるべきなのかを自分たちの問題として考えることです。

手始めに自分が住む市町村の税収やその使い方を調べてみるのがよい勉強になります。そして、そこで自分が考えたことを実現するために実際に参政権を行使していくのがよいです。選挙権も18歳から行使できますし、これより若い小学生のお子さんなどでも参政権は行使できます。参政権には選挙権の他に、行使する人の年齢に制限のない請願権もあるからです（請願権を参政権に含めず、参政権を補充するものと考える学説もあります）。

第20節　勉強・仕事・人生　勘と一挙両得

この節では、僕がお子さんの勉強・仕事・人生で大切だと思っている勘と一挙両得について述べます。『小学館　はじめての国語辞典』（小学館）で「かん」という見出し語の説明を見てみます。

かん【勘】
ぴんと感じとるはたらき。▼「かんがいい」

僕は、勘の元にある判断基準は、１つのことを一定期間続けた結果、身につくものだと思います。さらに、この判断基準は、合理的な判断基準より言葉で表現しにくいだけで、かなり信頼できると思います。

僕は生徒に勉強を教える仕事を始めて10年後くらいから、最初に顔を見ただけで、生徒の学力がその後伸びない場合については勘で分かるようになりました。これは後に教える人が僕以外の誰に変わってもまず当たります。

今、顔と述べましたが、生徒の顔ではなく、生徒の保護者の方の顔です。この顔がどういう顔かを言葉で表すのは難しいですが、この顔の保護者の方たちと一定期間コミュニケーションを続けて僕が見つけた共通点は、この方たちが、「結果につながらない努力は無駄だ」と思っていることです。

僕は、努力は結果につながらなくても努力した人に必ずよい変化をもたらすと思っています。勘が働くようになることはその最たる例です。勘は一定期間の努力により、努力が結果につながるか否かに関わらず働くようになるからです。お子さんの勉強・仕事・人生で努力が結果につながらなかった時は、その努力で自分にどのようなよい変化が起こったか考えてほしいです。僕の場合、勘は勉強・仕事・人生でとても役立ちました。

勘は1つのことを一定期間続けた結果、働くようになると述べましたが、お子さんの勉強・仕事・人生では、限られた時間に多くのことをする必要がある場合がほとんどで、1つのことを続けるのは難しいです。ここで同辞典の「いっきょりょうとく」という見出し語の説明を見てみます。

いっきょりょうとく【一挙両得】
一つのことをして、二つの得をすること。一石二鳥。▼「おもしろくてためになるとは、一挙両得だ」

限られた時間に多くのことをする必要がある状況で1つのことを続けるには、多くのこと全てに共通して役立つ1つのこととは何かを考え、それを続けるのがよいです。僕の場合、1年間に10日くらいの休みで毎日20時間くらい働いても時間が足りないという状況で、15年間毎日続けた1つのことは読書でした。

そして、このように読書を続けたことで、読書に対する勘も身につきました。本のタイトルやもくじを見るだけで、今の自分が読んで学びを得られる本かどうか分かるようになったのです。ですから、すぐに結果に結びつかなくても、1つのことを続けることはお子さんの人生にとって、意味のあることだと思います。

コラム13　姿勢

僕が会社で働いていた時、僕に目をかけてくれていた仕事の師匠に、僕が会社を辞めた後にその理由を聞いたことがあります。師匠の答えは、「仕事をしている時の姿勢がよかったから」というものでした。最初僕は、仕事に取り組む熱意などを評価してくれていたのだと思ったのですが、話を聞いていると、そういう比喩的な意味の姿勢ではなく、文字通りの意味の身体的な姿勢のことだと分かって驚きました。

ちなみに、僕は自分では姿勢をよくしようと意識したことはありませんが、小学校に入る前から6年間ほど剣道をしていて、剣道の先生が何事にも厳しい人だったので、このことは関係しているかもしれません。

会社で働く人間を数万人見てきた僕の師匠の経験によると、例えば会社のデスクでパソコンを使っている時のある人の姿勢とその人の仕事の能力は、明らかに正の相関関係（姿勢がよければ仕事の能力も高く、姿勢が悪ければ仕事の能力も低いという関係）があるとのことです。

このことは、僕の経験では、勉強する時の生徒の姿勢と生徒の学力にもそのまま当てはまります。そして、この相関関係を説明する因果関係として僕は、生徒に集中力がないから姿勢も悪くなり学力も低くなるというように、生徒に集中力がないことを原因と考えていました。おそらく僕の師匠も同じように考えていたと思います。

ところが、最近ある医学の研究を知り、僕のこのような説明は再考を迫られることになりました。その研究では、人の歯並びが悪いと顎の角度が不自然になり、それにより、呼吸の効率が悪くなって脳への酸素供給量が不足したり姿勢が悪くなったりするということが主張されていたのです。

つまり、この主張が正しければ、集中力がないから姿勢も悪くなり学力も低くなるのではなく、歯並びが悪いから集中力や学力も低くなり姿勢も悪くなるということになります。

僕の説明とこの研究のそれぞれが、生徒の姿勢について説明する際にどれくらいの比重で関わっているのかはさらに追究する必要があり、僕は、今後は生徒の歯並びや個別指導中の顎の角度にも注意しようと思いました。

ただ、この追究の結果がどうあれ、現時点でもお子さんがよい姿勢で勉強することが大切であることは言えます。勉強がほぼお子さんの一生を通じて続くものであることを考えると、早いうちによい姿勢で勉強する習慣を身につけるべきだと思います。

おわりに

正直に言うと、この本を書くことは僕の考えの中に全くありませんでした。その理由は、この本がお子さんのご家庭での勉強に役立つことを主な目的にしたものであるからです。

僕はこれまでの経験から、拙著『勉強2』（南々社）で詳しく述べたように、ご家庭での勉強はなかなか上手くいかないということを知っていました。また、自分がプロの教育者として授業の中で責任を持って完結させるべきことを、そうせずに生徒や保護者の方に投げ出し、生徒や保護者の方に本来なら不要な負担を強いるやり方も好きではありませんでした。

このような僕のこだわりにも関わらず、遂にこの本を書くことに決めたのは、このこだわりと一見矛盾しているかのように見える、僕の理想とする教育者像のためです。

これについては拙著『勉強』（南々社）で詳しく述べましたが、僕の理想とする教育者像は、「生徒に何も教えない教育者」です。前述のこだわりも、ここにたどり着くための過程における僕なりの誠実さと理解していただければ矛盾ではありません。

「生徒に何も教えない教育者」とは、生徒が自分だけで勉強していけるようになるための、生徒それぞれで異なる最善のきっかけを与えられる教育者です。この本は国語辞典という内容のバラエティが非常に豊かな書物を生徒が読み通すことをテーマにしているので、生徒それぞれに勉強に関する何らかのきっかけを与えられるのではないかと思いました。

書き終えてみると、保護者の方などに向けた本なのですが、普段生徒に行っている個別指導そのもののようになりました。この本は、僕の生徒で実際に国語辞典を読み通した生徒と僕の、国語辞典の内容などについての対話が元になっています。この対話は個別指導の時間の最初の10分くらいを使って行い、対話の内容の続きをその直後の授業として行ったことも多かったので無理もないです。

ただ、僕の個別指導は生徒だけでなく保護者の方も1時間や2時間の間ずっと側で聞いている場合も多く、保護者の方の中には2年間以上毎回の個別指導でこれを続けている方もいます。ですから、この本を保護者の方などが読んでもそれほど違和感はないのではと自分に言い訳をしています。

最後になりましたが、僕の教育を必要としてくださった全ての生徒とその保護者の方に厚くお礼を申し上げます。また、僕がこの本を書くのを励まし、この本の出版のためにご尽力くださった南々社の皆様にも厚くお礼を申し上げます。

付録・お薦め本リスト

以下のリストは、お子さんが本書の内容の特定の部分に興味を持った場合に、さらなる勉強のためにお薦めする本のリストです。中学生くらいのお子さんから読め、お子さんが大人になってもなお読む価値のある本だと思います。

【英語】

原島広至『英語解剖図鑑』 KADOKAWA

本書で述べた英語の歴史や英語と他の言語との関わりについて、詳しく述べています。ある分野の専門用語まで英語で使いこなしたい場合に役立つ知識が多く含まれています。

【算数・数学】

ロビン・ウィルソン『四色問題』 新潮文庫

本書で地図の色分けについて述べた際に触れた、四色定理について詳しく述べています。数学では一見異なるように見える物事同士が、実は本質的には同じであるという気づきが非常に重要なのですが、その具体例も登場します。

トビアス・ダンツィク
『数は科学の言葉』 ちくま学芸文庫

本書では数の範囲を自然数、整数、有理数、実数と拡大していきながら数について説明しましたが、その続きである複素数や四元数についても詳しく述べています。アインシュタインが絶賛した数についての定評ある本です。

原岡喜重『はじめての解析学—微分、積分から量子力学まで—』講談社ブルーバックス

本書で述べた「実数の連続性」の厳密な証明が分かりやすく述べられています。他の話題も分かりやすく役に立ちます。同じ作者がブルーバックスから出している他の本も全てお薦めです。

竹内外史『新装版　集合とは何か—はじめて学ぶ人のために—』講談社ブルーバックス

世界的な数学者による集合論の入門書です。本書で、実数の方が自然数などより無限の個数が大きいと述べましたが、このことのより一般的な形での証明が示されています。入門書と銘打っていますが、相当高いレベルまで話が進み、この分野でフィールズ賞を受賞した業績の基本的な発想にも触れています。

【国語】

白川静『常用字解 第二版』平凡社

国語辞典を読み通して次に辞典を読み通すならこの漢字辞典です。とにかく内容が面白く、すぐに読み通すことができ、現代文・古文・漢文の全ての勉強に役立ちます。

佐藤信夫『レトリック感覚』講談社学術文庫

本書で述べた比喩・皮肉・婉曲なども含めたレトリック全般について詳しく述べています。文学作品からの用例も豊富で、日本語を見る新たな視点を与えてくれます。

菊地康人『敬語』講談社学術文庫

本書で述べた敬語について詳しく述べています。文庫本としては分厚いのですが、それは説明が丁寧で用例も豊富だからです。特に、敬語として正しいかどうか迷う用例についてしっかり説明してくれており、読めば一生の財産になる本だと思います。

内田樹『寝ながら学べる構造主義』文春新書

本書で述べた構造主義について、その前史から分かりやすく説明しています。構造主義の前史をおさえることで、構造主義と近代批判の関係も分かりやすくなっています。また、この作者の文章は中学入試・高校入試・大学入試の全てで国語の現代文の問題文としてよく採用されるので、入試対策として読む価値も高いです。

呉兢『貞観政要』ちくま学芸文庫

本書で触れた漢文の本です。内容は天子とその左右（側近）のやりとり、特に左右が天子を諫めるやりとりという、漢文の文章の王道パターンです。漢文の勉強になるうえに、本書で述べた通り、会社経営者などが座右の書としていることが多く、読めば社会人になってからも役立つと思います。

【理科】

真木悠介『自我の起源―愛とエゴイズムの動物社会学―』岩波現代文庫

本書で述べた進化に関する本です。進化や遺伝子について語る際に避けることのできなくなったドーキンスの「利己的な遺伝子理論」を再検討し、人間の自我、特に利他性が進化の過程でどのように現れたかを考えています。進化について考える際に示唆に富む独創的な本です。

石渡正志、滝川洋二『発展コラム式中学理科の教科書　改訂版　生物・地球・宇宙編』ブルーバックス

滝川洋二『発展コラム式中学理科の教科書　改訂版　物理・化学編』講談社ブルーバックス

2冊で中学理科の全分野を網羅しています。理科で学ぶことが読者の実体験のどこに関係しているかという話題が豊富で、僕が生徒に理科を教えたり、本書を書いたりする際に大いに教えられました。また、各分野の中心的な概念やそれらの説明を英語で表記するとどうなるかまで記載されており、非常に役立ちます。

【社会】

渡辺京二『逝きし世の面影』平凡社

本書で述べた社会史の視点から、江戸末期～明治初期の日本社会の変化について考えた本です。社会史の視点の他に、近代批判の視点、日本と欧米の比較文明論の視点なども含み、大きな議論を巻き起こした本です。僕は議論を巻き起こすことはよい本の証拠の1つだと思っています。

橋爪大三郎『国家緊急権』ＮＨＫブックス

本書で述べた立憲主義に深く関わる国家緊急権について述べた本です。緊急時には政府が憲法に違反することを行わなければならない可能性がありますが、これを権利として認めて再び憲法の枠内に

収めようとするのが国家緊急権の考え方です。これに対する各国の対応の具体例も豊富で、憲法や立憲主義の本質を学ぶのに役立ちます。

加藤秀一『知らないと恥ずかしい ジェンダー入門』 朝日新聞社

本書で述べたジェンダー（社会的性差）とセックス（生物的性差）について詳しく説明しています。タイトルに「ジェンダー入門」とありますが、セックスについてもしっかりと説明してくれており、読むと性別について考える際に広い視野を持つことができると思います。

鈴木大拙『無心ということ』 角川ソフィア文庫

禅などの仏教の思想を英語で世界に発信した作者が、宗教的なものの考え方の本質について述べた本です。宗教を言葉で表現しつくせない日常的なことがらからも説明しており、神や仏などへの信仰がない人が宗教について考える際に入っていきやすいです。

【その他】

ジョージ・オーウェル『一九八四年［新訳版］』 ハヤカワepi文庫

本書で述べた言葉の多様性と寛容に関する本です。この小説は全体主義社会を描いた名作ですが、小説の「附録」も非常に面白く、この「附録」を読めば、僕が言葉の多様性と寛容に関する本としてこの本を挙げた理由は十二分に納得できると思います。

［参考文献］

・小学館国語辞典編集部／編『小学館 はじめての国語辞典』小学館、２０２１年
・山田忠雄、倉持保男、上野善道、山田明雄、井島正博、笹原宏之／編『新明解国語辞典 第八版』三省堂、２０２０年
・原川博善、畠山利一／編集主幹『ベーシックジーニアス英和辞典 第２版』大修館書店、２０１７年

秋山 夕日　（あきやま ゆうひ）
ラ・サール中学校、ラ・サール高校を経て東京大学文学部卒。広島で約 20 年間、特に個別指導に注力し、小学生・中学生・高校生・浪人生に高校理科を除く全教科を 1 人で教える。著書に『勉強』『勉強 2』（いずれも南々社）がある。勉強や読書に関する講演活動も行い、2022 年 4 月から中国新聞・中国新聞デジタルの教育面でコラム「秋山夕日の勉強の話」を連載。趣味は読書と数学（特に数理論理学）で、数理社会学会会員。

●装丁／ペンギングラフィックス
●本文 DTP ／大原 剛
●図版作成／岡本 善弘（アルフぉンス）
●編集／前田 優衣

小学生が国語辞典を読み通すのを助けたい大人のための本
——学力はもちろん、努力の継続と読書の習慣も身につく——

二〇二二年一二月一五日　初版第一刷発行

著　者　秋山 夕日
発行者　西元 俊典
発行所　有限会社　南々社
広島市東区山根町二七－二　〒七三二－〇〇四八
電　話　〇八二－二六一－八二四三
ＦＡＸ　〇八二－二六一－八六四七

印刷製本所　株式会社 シナノ パブリッシングプレス

ISBN978-4-86489-153-0